Buchners
Lektürebegleiter
Deutsch

MARIE-AUDE MURAIL

Simpel

Bearbeitet von
Tina Rehm und Barbara Reidelshöfer

C.C.BUCHNER

Buchners **Lektürebegleiter** Deutsch

Marie-Aude Murail „Simpel“
Bearbeitet von Tina Rehm und Barbara Reidelshöfer

Arbeitsheft 15

Weitere Materialien
zum Downloaden
unter: www.ccbuchner.de
Bestellnummer 4295

Weitere Lektürebegleiter:
Cornelia Funke: Tintenherz (4281)
Othmar Lang: Hungerweg (4282)
Otfried Preußler: Krabat (4283)
Dietlof Reiche: Der Bleisiegelfälscher (4284)
Kirsten Boie: Die Medlevinger (4285)
Sid Fleischman: Das Geheimnis im 13. Stock (4286)
Antoine de Saint-Exupéry: Der Kleine Prinz (4287)
Eoin Colfer: Artemis Fowl (4288)
Markus Zusak: Die Bücherdiebin (4289)
Lutz Hübner: Das Herz eines Boxers (4290)
Mirjam Pressler: Nathan und seine Kinder (4291)
Peer Martin: Sommer unter schwarzen Flügeln (4292)
Fabio Geda: Im Meer schwimmen Krokodile (4293)
Anna Woltz: Meine wunderbar seltsame Woche mit Tess (4294)

Die Seitenangaben des Romans beziehen sich auf alle aktuell lieferbaren Taschenbuchausgaben von „Simpel“.

1. Auflage, 1. Druck 2018

Alle Drucke dieser Auflage sind, weil untereinander unverändert, nebeneinander benutzbar.
Dieses Werk folgt der reformierten Rechtschreibung und Zeichensetzung. Ausnahmen bilden Texte, bei denen künstlerische, philologische oder lizenzrechtliche Gründe einer Änderung entgegenstehen.

Layout und Satz: HOCHVIER GmbH & Co. KG, Bamberg
Druck und Bindung: Brüder Glöckler GmbH Wöllersdorf

www.ccbuchner.de

ISBN 978-3-7661-4295-5

Inhaltsverzeichnis

Zur Einstimmung

Liebe(r) ....!

Welche Bücher findest du richtig gut? Wir finden - gemeinsam mit dem Journalisten Frank Griesheimer:

„Die besten Bücher sind wohl oft die, bei denen man vor lauter Lesevergnügen gar nicht merkt, dass sie, in einer wahrhaftigen Mischung aus Komik und Tragik, vom Ernst des Lebens erzählen."

So umschrieb er vor einigen Jahren seine Lesebegegnung mit dem Roman „Simpel". Und auch wir wurden von diesem Buch in den Bann gezogen. „Fremdelt" man vielleicht zu Beginn noch mit der Vorstellung, eine Geschichte über einen jungen behinderten Erwachsenen zu lesen, möchte man am Ende selbst Teil von Simpels Welt sein. Die lustigen Alltagsabenteuer in der französischen WG, die Liebesverwirrungen seines Bruders und Simpels ganz besondere Sichtweise auf die Dinge zeigen uns, dass ein ernstes Thema humorvoll und warmherzig erzählt werden kann.

Nicht zuletzt deswegen waren wir ganz gespannt darauf, wie wohl eine filmische Umsetzung von „Simpel" aussehen könnte. Als wir diese dann zum ersten Mal sahen, ging es uns genauso wie beim Lesen des Romans: Oft mussten wir lauthals lachen, an anderen Stellen blieb uns das Lachen im Halse stecken und hinterher waren wir uns einig, dass dieser Film eine ganz wunderbare Umsetzung des großartigen Buchs ist. Auch wenn – oder gerade weil – er in vielen Dingen ganz frei mit der Romanvorlage umgeht: Der Zauber von „Simpel" ist deutlich zu spüren.

Dieses Arbeitsheft soll dir dabei helfen, deine Lektüre besser zu verstehen und zu vertiefen. Indem du dich auf vielfältige Weise mit dem Roman auseinandersetzt, lernst du wichtige Arbeitstechniken kennen, die für jedwede Beschäftigung mit Literatur hilfreich sind. Da „Simpel" ein renommierter Bestseller ist, setzt sich ein Kapitel auch damit auseinander, wie der Roman im In- und Ausland aufgenommen wurde. Inzwischen ist „Simpel" aber nicht mehr nur lesbar, sondern auch hörbar (als Hörbuch und als Hörspiel) und sehbar (in der genannten Verfilmung von Markus Goller). Mit diesen medialen Umsetzungen beschäftigst du dich auf den folgenden Seiten. Nicht zuletzt setzt du dich in einem abschließenden Schwerpunkt noch einmal mit dem Thema Behinderung auseinander.

Damit du weißt, was du tun sollst, gibt es im Heft ein paar wiederkehrende Symbole:

Hier bearbeitest du die Aufgabe in deinem Heft.

oder

AUFGABE WÄHREND DES LESENS BEARBEITEN!

Auf diesen und weiteren Buttons findest du Informationen zur Reihenfolge von Anschauen des Films und Bearbeiten der Aufgabe.

Außerdem findest du an einigen Stellen noch weitere Materialien unter Mediencodes (so z. B. [4295_01] für ein Kreuzworträtsel oder [4295_02] für ein Exklusiv-Interview mit dem Regisseur Markus Goller).

Wir wünschen dir bei der Bearbeitung unseres Lektürebegleiters viel Vergnügen!

Tina Rehm und Barbara Reidelshöfer

1. Den Roman aufmerksam lesen und den Inhalt erfassen

a) Wieso eigentlich „Simpel"? – erste Mutmaßungen zum Roman äußern

A 1 Welche Gedanken, Fragen, Vorahnungen und Erwartungen werden in dir ausgelöst, wenn du den Titel des Romans hörst bzw. liest? Notiere im Cluster.

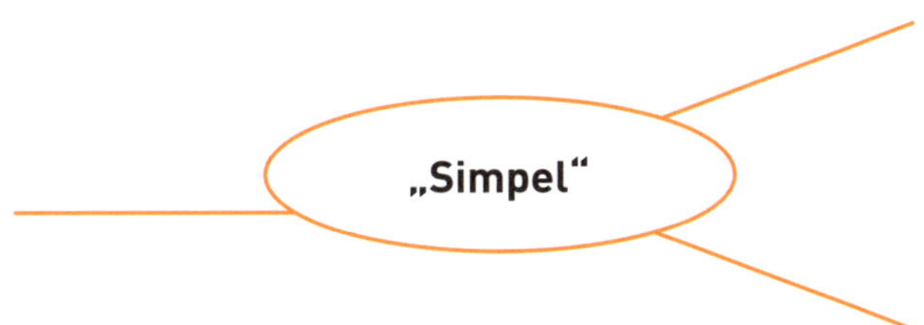

A 2 Lies den folgenden Ausschnitt aus dem Digitalen Wörterbuch der deutschen Sprache. Ergänze anschließend das Cluster mit neuen Informationen zum Wort „Simpel" in einer anderen Farbe, sodass man erkennen kann, was du aus dem Wörterbuch entnommen hast.

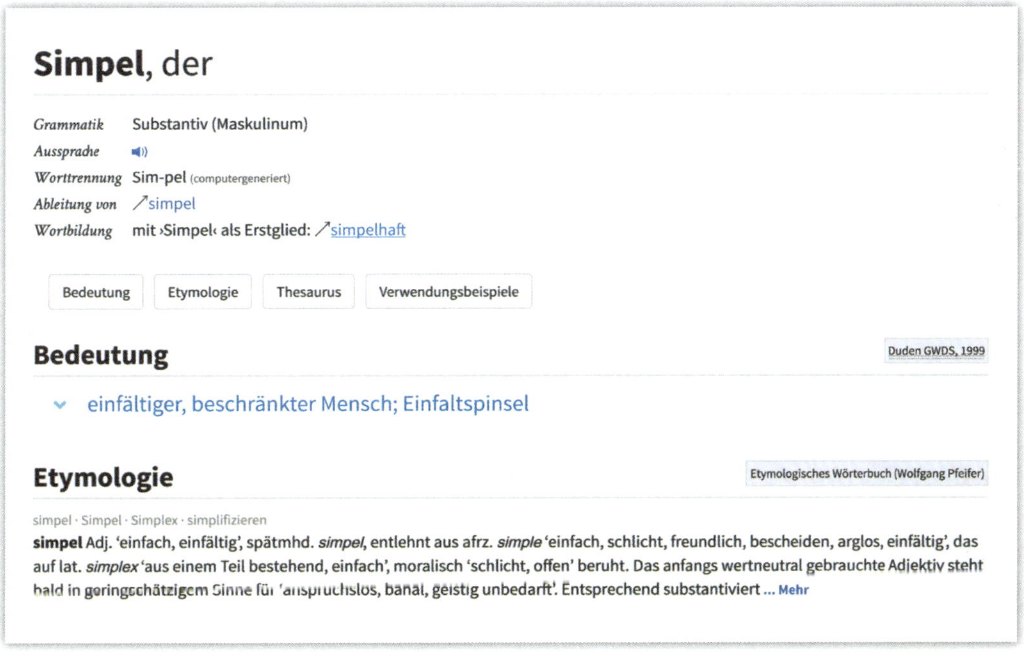

Simpel, der

Grammatik	Substantiv (Maskulinum)
Aussprache	
Worttrennung	Sim-pel (computergeneriert)
Ableitung von	↗simpel
Wortbildung	mit ›Simpel‹ als Erstglied: ↗simpelhaft

Bedeutung | Etymologie | Thesaurus | Verwendungsbeispiele

Bedeutung — Duden GWDS, 1999

einfältiger, beschränkter Mensch; Einfaltspinsel

Etymologie — Etymologisches Wörterbuch (Wolfgang Pfeifer)

simpel · Simpel · Simplex · simplifizieren

simpel Adj. 'einfach, einfältig', spätmhd. *simpel*, entlehnt aus afrz. *simple* 'einfach, schlicht, freundlich, bescheiden, arglos, einfältig', das auf lat. *simplex* 'aus einem Teil bestehend, einfach', moralisch 'schlicht, offen' beruht. Das anfangs wertneutral gebrauchte Adjektiv steht bald in geringschätzigem Sinne für 'anspruchslos, banal, geistig unbedarft'. Entsprechend substantiviert ... Mehr

A 3 Immer wieder wird im Roman direkt auf das Wort „Simpel" Bezug genommen. Markiere alle diese Textstellen, die auf den Titel und die Hauptfigur anspielen, und notiere hier deine zwei Lieblingszitate.

b) Der erste Eindruck zählt?! – sich mit dem Buchcover beschäftigen

A 1 Wird ein Buch so erfolgreich, dass es in weiteren Auflagen erscheint oder verfilmt wird, ändert sich damit manchmal das Buchcover – so auch bei „Simpel“. Sieh dir die drei Ausgaben seit der ersten Auflage des Romans an und notiere daneben jeweils deine Gedanken und Erwartungen an den Roman, die durch das jeweilige Cover ausgelöst werden.

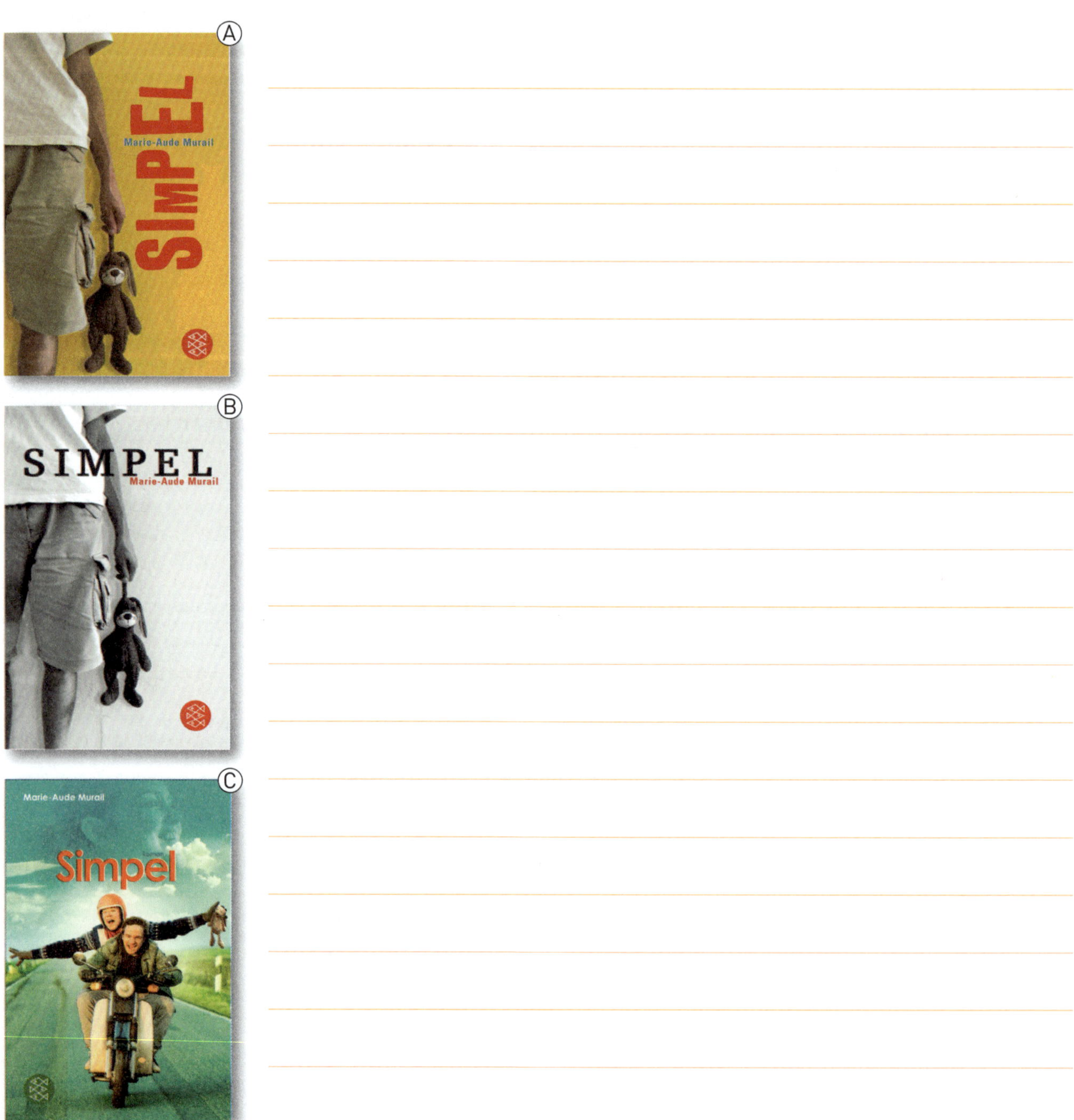

A 2 Wähle das Cover, das dich am meisten anspricht, und begründe deine Wahl.

A 3 Lies den folgenden Zeitungsartikel und markiere darin die Aussage über die zentrale Aufgabe eines Covers in rot. Unterstreiche in blau weitere Aspekte, die eine wichtige Rolle für die Covergestaltung spielen.

Wie sieht das perfekte Buchcover aus?

Kinderbücher müssen gleich zwei Zielgruppen überzeugen: die Kinder – und natürlich ihre Eltern, denn die wählen die Bücher in der Regel aus. Mascha Schwarz leitet seit zehn Jahren den Tulipan Verlag, in dem Bilderbücher und Romane für Kinder erscheinen. Was ein Cover leisten muss, beschreibt sie so: „Der potenzielle Käufer muss anhand des Covers begreifen, worum es in dem Buch geht. Wir können nicht einfach die schönste oder lustigste Illustration nehmen, sondern wir nehmen diejenige, die die Geschichte am besten vermittelt." [...]

Je älter die Leser werden, desto größer die Möglichkeit, Cover spielerischer und weniger konkret zu gestalten. „Vorsicht aber vor Coolness", sagt Mascha Schwarz, „was wir Erwachsenen cool finden, finden Kinder oft schrecklich." [...]

Zwei Sekunden sind sehr kurz. Länger aber, davon geht Jochen Kunstmann aus, braucht ein Käufer nicht, um zu entscheiden, ob er nach einem Buch greift oder nicht. Er arbeitet bei Knaur/ Droemer im Marketing und betreut die Spannungs-Sparte, also Krimis und Psychothriller. Zwei Sekunden sind zu kurz, um widersprüchliche Informationen zu senden. „Ein Cover muss sein Versprechen klar machen", sagt er. Auffallend bei Knaur/Droemer: Je bekannter der Autor, desto größer darf sein Name auf dem Cover prangen. Denn für viele Fans funktioniert allein diese Wiedererkennung als Kaufargument.

A 4 Gestalte hier dein eigenes Cover, wenn du „Simpel" zu Ende gelesen hast.

c) Richtig oder falsch? – den Inhalt des Romans erfassen

A 1 Entscheide, ob die folgenden Aussagen richtig (✓) oder falsch (✗) sind. Verbessere alle Falschaussagen. Die Kapitelhinweise in Klammern können dir notfalls weiterhelfen.

	Richtig	Falsch	So ist es richtig
Simpel heißt eigentlich Barnabé. (vgl. K. 1)	✓		
Simpel und Colbert suchen eine neue Wohnung, weil ihre Tante sie rauswirft. (vgl. K. 1)			
Simpel folgt aufmerksam dem Gottesdienst. (vgl. K. 4)			
Aria gibt Enzo unmittelbar nach dessen Liebesgeständnis einen Kuss. (vgl. K. 7)			
Béatrice ist schüchtern und zurückhaltend. (vgl. K. 7)			
Monsieur Gottlieb ärgert sich über den dreckigen Hausflur. (vgl. K. 7)			
Corentin, Colbert und Simpel verbringen einen schönen Tag im Schwimmbad. (vgl. K. 8)			
Enzo verarbeitet Aria in seinem Buch durch eine Figur namens Emma. (vgl. K. 9)			
Corentins Eltern machen sich Sorgen um ihren Sohn, nachdem er ihnen am Telefon von seinen Problemen erzählt hat. (vgl. K. 9)			
Amira schminkt Monsieur Hasehase beim Spielen mit Simpel. (vgl. K. 10)			
Zahras Familie passt wegen eines wichtigen Arztbesuchs von Colbert auf Simpel auf. (vgl. K. 10)			
Die WG hat eine fröhliche Abschiedsparty gefeiert, bevor Simpel nach Malicroix geht. (vgl. K. 11)			
Simpel entfernt die Augen von Monsieur Hasehase, damit er das Schlimme in Malicroix nicht sehen muss. (vgl. K. 11)			
Madame Chémel entkommt aus Malicroix. (vgl. K. 12)			
Aria und Emmanuel trennen sich am Ende des Romans. (vgl. K. 13)			

TIPP

Wenn du noch mehr Übung im Erfassen des Inhalts brauchst, findest du diese unter [Mediencode 4295_01].

d) WG gesucht – den Handlungsort erschließen

„Auf dem Weg nach Hause gingen sie noch bei dem kleinen Supermarkt in ihrem Viertel vorbei, um Prinzenrolle zu holen. Während er an der Kasse wartete, las Colbert die Kleinanzeigen, die Kunden dort aushängen konnten. Plötzlich runzelte er die Stirn. Das war ein Wink des Schicksals. Zwei Mitbewohner für Studenten-WG gesucht. Telefon 06 ... Colbert schrieb sich die Nummer auf ein benutztes Metroticket.“ (S. 35)

A 1 Diese WG wird zum wichtigsten Handlungsort im gesamten Romanverlauf. Wie stellst du dir die WG vor? Im Roman gibt es viele Hinweise auf die Zimmeraufteilung und -gestaltung sowie die Aktivitäten, die in diesen Räumen stattfinden.

Schau dir den möglichen Grundriss der Wohnung an und verteile die Zimmer auf ihre Bewohner. Möbliere sie anschließend mit Informationen aus dem Text. Einige Anhaltspunkte sind als Hilfe schon vorgegeben.

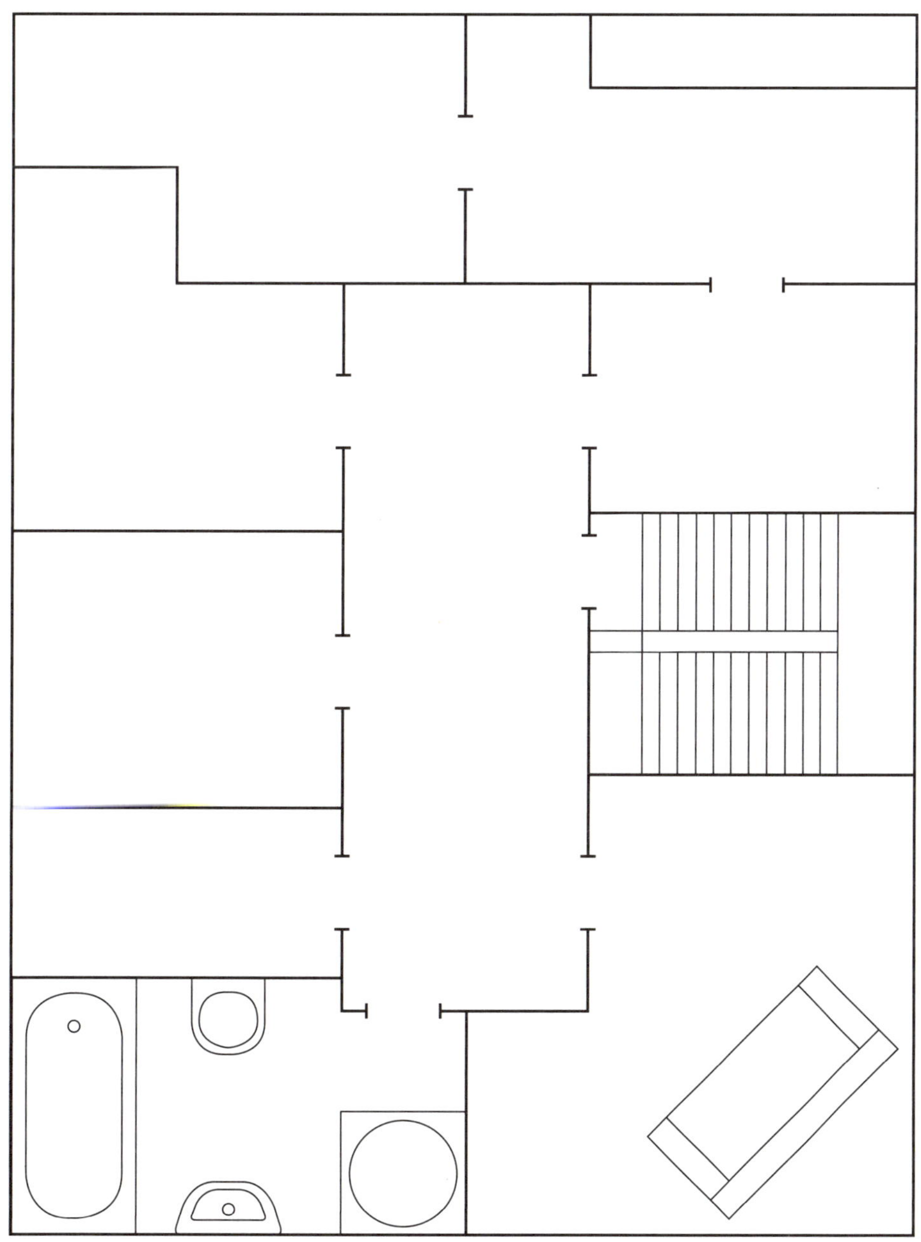

e) Was macht Monsieur Hasehase in der Überschrift? – die Funktion von Kapitelüberschriften erfassen

Nicht jeder Roman hat Kapitel und **Kapitelüberschriften**. Viele Romane werden als fortlaufender Text verfasst, wobei auch häufig durch Formatierung (z. B. Zeilenwechsel) deutlich wird, wo Sinnabschnitte beginnen und enden. Manche Schriftsteller verdeutlichen Sinnabschnitte dagegen mit einem besonderen Symbol.

Eine richtige Unterteilung in Kapitel ist sowohl in der Erwachsenen- als auch in der Kinder- und Jugendliteratur durchaus gängig. Hier wird also das Handlungsganze, das ja immer aus vielen kleinen Szenen besteht, noch einmal klar und deutlich für den Leser strukturiert und gegliedert.

Die Kapitel werden dann entweder mit Ziffern überschrieben oder – wie bei „Simpel" – mit richtigen Überschriften. Dabei findet man wiederum verschiedene Arten: Überschriften können nur aus einem Wort bestehen oder auch aus einem oder sogar mehreren Sätzen.

Diese Kapitelüberschriften können verschiedene Funktionen übernehmen: Sie können den gesamten Roman gliedern und den Lesenden durch das Handlungsgeschehen führen. Denn durch die Einteilung in Kapitel wird letztlich auch der Lesefluss gestört oder zumindest unterbrochen – die kurze Lesepause, die sich dadurch einstellt, kann dazu führen, dass man über das Gelesene nachdenkt oder Mutmaßungen anstellt, was im Folgenden passieren wird. Sie können aber auch den Inhalt des Kapitels kurz und knapp zusammenfassen, durch die gewählte Überschrift Neugierde wekken, Spannung aufbauen oder (falsche) Vorahnungen auslösen. In manchen Romanen verdeutlichen die Kapitelüberschriften, wo oder wann der nachfolgende Erzählstrang handelt (v. a. bei Romanen, die viele Orts- und Zeitwechsel haben) und erleichtern so die Orientierung für den Leser.

Je nachdem, wie der Autor seine Überschriften einsetzt, kann er damit verschiedene Wirkungen beim Leser erzielen. Da es hierbei sehr viele Möglichkeiten gibt, ist eine Entscheidung für eine spezielle Gestaltung der Überschrift immer auch ein erzählerisches bzw. stilistisches Mittel. Denn der Autor entscheidet sich bei der Überschrift für eine Perspektive, für eine bestimmte Sprache und einen bestimmten Inhalt, die insgesamt eine Wirkung auf den Leser haben.

A 1 Lies den Informationstext über Kapitelüberschriften und markiere die Funktion, also Aufgabe und Wirkung, von Kapitelüberschriften.

A 2 Übertrage deine Kenntnisse nun auf den Roman „Simpel" und lies alle Überschriften in der Tabelle auf der gegenüberliegenden Seite. Benenne die Perspektive, die die Autorin Marie-Aude Murail immer gewählt hat.

A 3 Entwirf neue Kapitelüberschriften, die eine andere Perspektive übernehmen. Trage sie in der rechten Spalte der Tabelle ein.

	Originalkapitelüberschrift	Mein Vorschlag für eine Kapitelüberschrift
K. 1	In dem Monsieur Hasehase das Telefon kaputt haut	
K. 2	In dem Monsieur Hasehase einen nicht besonders tollen Bau findet	
K. 3	In dem Monsieur Hasehase will, dass jeder einen Schwanz hat	
K. 4	In dem Monsieur Hasehase in die Kirche geht und vergisst, nach Hause zu kommen	
K. 5	In dem Monsieur Hasehase zu viel feiert und auf dem OP-Tisch endet	
K. 6	In dem Monsieur Hasehase Liebe macht und Krieg führt	
K. 7	In dem Monsieur Hasehase knapp den Haien entkommt	
K. 8	In dem Monsieur Hasehase Zahra die rosa Rosen schenkt	
K. 9	In dem Monsieur Hasehase die Bekanntschaft mit Madame Ugendamm macht	
K. 10	In dem Monsieur Hasehase sich super mit dem kleinen tauben Mädchen versteht	
K. 11	In dem Monsieur Hasehase sich wieder auf den Weg nach Malicroix macht	
K. 12	In dem Monsieur Hasehase das Weite sucht	
K. 13	In dem Monsieur Hasehase stirbt	

A 4 Vergleiche nun die beiden Spalten miteinander und begründe, wieso die Autorin sich für die vorliegende Version entschieden haben könnte. Gehe dabei auch darauf ein, welche Wirkung ihre Kapitelüberschriften beim Leser erzielen.

f) „Simpel" around the world – Buchcover verschiedener Länder vergleichen und interpretieren

A 1 „Simpel" ist nicht nur in Deutschland erschienen, sondern auch in anderen Ländern gibt es den Roman zu kaufen. Beschreibe die Cover der französischen, englischen und slowenischen Ausgabe kurz und achte dabei vor allem auf die Unterschiede (z. B. Gestaltung, Titel, Textzusätze).

französische Ausgabe

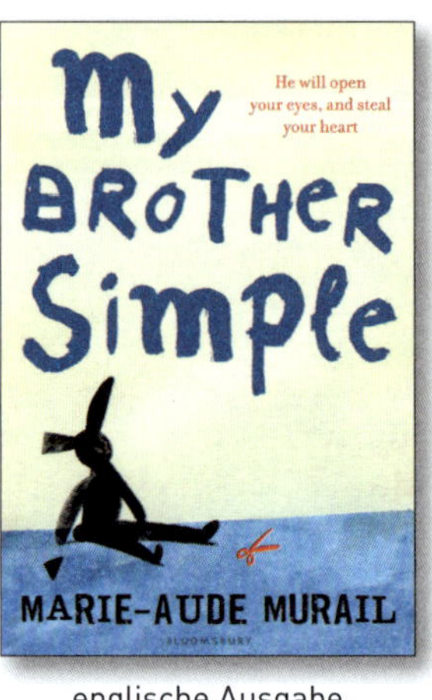

englische Ausgabe

slowenische Ausgabe

A 2 Schau dir das englische Cover noch einmal genau an. Suche in „Simpel" die dazu passende Textstelle und schreibe sie auf.

A 3 Warum hat man sich wohl jeweils für dieses Cover entschieden? Begründe deine Meinung.

A 4 „Simpel" ist noch in weiteren Ländern erschienen. Recherchiere im Internet, wie andere Länder (z. B. Korea, Israel, Ungarn) die Vorderseite des Buches gestaltet haben. Drucke das Cover aus, welches du besonders gelungen findest, und stelle es deinem Partner vor.

2. Die Figuren und ihr Verhalten besser verstehen

a) Den Überblick behalten – eine Figurenkonstellation erstellen

AUFGABE WÄHREND DES LESENS BEARBEITEN!

A 1 In einem Roman treten häufig viele verschiedene Figuren auf.
Notiere dir beim Lesen alle Figuren, die in „Simpel" eine Rolle spielen.

Methode: die Figurenkonstellation darstellen

In einer Figurenkonstellation macht man alle sozialen Beziehungen (Freund-/ Feind- oder Gegnerschaft und Verwandtschaftsgrad) sichtbar. Aber auch die psychische oder mentale Beziehung zueinander kann man grafisch verdeutlichen. Dabei konzentriert man sich auf die wichtigsten Figuren der Romanhandlung. Im Mittelpunkt der Konstellation steht immer die Hauptfigur, davon ausgehend ordnet man die anderen Figuren an und verbindet sie mit Pfeilen und geeigneten Symbolen wie zum Beispiel ♥, ⚡, ↔.

So kann man auf einen Blick sehen, in welchem Verhältnis diese Figuren zueinander stehen und wie sie miteinander verbunden sind.

A 2 Entwirf eine Figurenkonstellation zu „Simpel" – der Merkkasten hilft dir dabei.

Figurenkonstellation

b) Simpel – die Hauptfigur charakterisieren

A 1 Erkläre, woran der Leser erkennt, dass Simpel die Hauptfigur des Romans ist.

A 2 Suche aus jedem Kapitel ein Zitat, welches Simpel charakterisiert. Tausche dich mit deinem Banknachbarn über eure Textstellen aus und wählt anschließend eure fünf Lieblingszitate über die Hauptfigur des Romans. Markiert diese Kästen farbig.

A 3 Stell dir vor, du musst eine Buchvorstellung zu „Simpel" ausarbeiten. Fertige hierfür eine Charakterisierung zur Hauptfigur an. Die Ergebnisse aus Aufgabe 2 und der Merkkasten helfen dir dabei.

Methode: eine Charakterisierung verfassen

Eine Charakterisierung arbeitet die wesentlichen Charakterzüge einer realen Person oder fiktiven Figur (z. B. Simpel in „Simpel") heraus. Während eine Personenbeschreibung nur auf die äußeren Merkmale einer Figur eingeht, beschreibt eine Charakterisierung die Figur in ihrer Ganzheit. Dazu wird zwar auch auf ihr Aussehen oder auch die äußeren Umstände, die die Figur beeinflussen, eingegangen. Viel wichtiger ist es aber, das Verhalten, die Gefühle und Gedanken genau zu erklären. Denn hieraus kann man auch Rückschlüsse auf den Charakter der Figur ziehen.

TIPPS

... zur Erstellung einer Charakterisierung findest du auf S. 18.

c) Kleiner Hase ganz groß – die Rolle von Monsieur Hasehase untersuchen

A 1 Welche Rolle spielt eigentlich Simpels kleiner Freund, Monsieur Hasehase, für den Roman? Charakterisiere Monsieur Hasehase, indem du so viele Informationen wie möglich über ihn notierst. Du kannst Zitate verwenden oder auch eigene Worte für Hasehases Eigenschaften, Besonderheiten und Funktion finden – vergiss dabei aber nicht, die Seitenangabe in Klammern anzugeben.

A 2 Antworte auf den folgenden Forumsbeitrag eines verzweifelten Schülers.

Frage von fuddler10
vor 7 Jahren

Welche Bedeutung hat monsieur hasehase fuer simple?

Hallo, wir schreiben am montag in franzoesisch eine kursarbeit und sollen uns im voraus darueber gedanken machen, welche rolle der hase fuer simple in marie audre murails buch spielt. Einmal stellt der hase eine bezugsperson dar, was noch?

Antworten 1

A 3 Diskutiert in der Klasse, ob es sinnvoll ist, solche Plattformen zur Informationsbeschaffung zu nutzen.

d) Deutsch – Simpel, Simpel – Deutsch: Sprache und ihre Wirkung untersuchen

A 1 Simpels Wortschatz unterscheidet sich vereinzelt von unserem „normalen" Sprachgebrauch. „Übersetze" die folgenden Wörter in die jeweils andere Sprache.

AUFGABE WÄHREND DES LESENS BEARBEITEN!

So sagt es Simpel	So sagen wir dazu
	Männchen
	Fernseher
Nudeln	
	Zigaretten
Brustig	
	Monsieur Gottlieb
Ugendamm	
	Halleluja
Quasidonbrung	
	Computer
Broknigo	
plunzen	

A 2 Die Romanfigur Simpel wird u. a. auch durch ihre Sprache charakterisiert. Wie wirkt Simpel durch seine Sprache auf dich? Erkläre deine Einschätzung mit mindestens drei Sätzen.

A 3 Die Sprache von Simpel charakterisiert ihn aber nicht nur, sondern hat darüber hinaus auch eine wichtige handlungstragende Funktion. Lies deswegen noch einmal die beiden folgenden Textstellen und notiere jeweils darunter, welche Funktion die Sprache hat.

1) Mit äußerst selbstsicherer Miene betrat Simpel das Zimmer. „Ein Ferngerätseher!", rief er, als er den eingeschalteten Computer sah. Er näherte sich dem Gerät und sah die Tastatur. „Das ist der Kjomputer", verbesserte er sich. „Ich mach ein bisschen Kjomputer." Emmanuel, der seine Vorlesungsmitschriften ordnete, hatte die Datei nicht gespeichert, und Simpel konnte ein paar interessante Ergänzungen einfügen, indem er auf der Tastatur herumklackerte. Nachdem er auf verschiedene Icons geklickt hatte, sah er wieder auf den Bildschirm. Der schien sich gerade zu fragen, was mit ihm geschah. Simpel erinnerte sich daran, was man in einem solchen Fall sagen musste: „Verdammt, der stürzt ab!" Monsieur Hasehase lachte herzlich: „Monsieur Mutchbinguen sagt aber böse Worte!" (S. 175)

2) „Das hat Madame Ugendamm mir gegeben." „Ist das eine Dame, die in die WG gekommen ist?" Simpel nickte. „Und wen hat sie gesucht?" „Monsieur Mutchbinguen." Verdutzt wiederholte Colbert den Namen. „Sie muss sich im Stockwerk getäuscht haben." Er nahm sich vor, mit der Hausmeisterin darüber zu reden. Mutchbinguen klang merkwürdig, vielleicht elsässisch. (S. 183)

A 4 Die Schülerzeitung deiner Schule plant eine Ausgabe zum Thema „Sprache". Da du gerade „Simpel" liest, sollst du einen Text dafür schreiben, der sich gezielt mit dem Aspekt der Sprache im Roman auseinandersetzt. Deine bisherigen Vorarbeiten helfen dir dabei.

Die Überschrift des Textes steht schon fest: „Simpel" – ein Roman, der mit Sprache spielt". Für diesen Artikel verlangt die Schülerzeitung 250 Wörter. Schreibe diesen Artikel.

Folgende Formulierungshilfen können dir bei deinem Text helfen:

Simpels besondere Sprechweise bewirkt bei mir als Leser/-in, dass …
Da Simpel anders spricht als seine Umwelt, …
Besonders am Wort „…" wird deutlich, …
Als ich das erste Mal auf das Wort „…" gestolpert bin, …
Simpels Sprechweise bewirkt nicht nur …, sondern führt im Verlauf an einigen Stellen auch zu …
So ist z. B. die Reaktion von …
Eine ganz wichtige Rolle spielt die Sprache bei …
Der Roman wäre ohne die Besonderheiten von Simpels Sprache …
Simpels Sprechweise ist wie …

AUFGABE WÄHREND DES ANSCHAUENS BEARBEITEN!

A 5 Vergleich Film – Roman: Auch in der Verfilmung spricht Simpel auf eine besondere Art und Weise. Ergänze dein Lexikon mit Begriffen, die nicht im Buch zu finden sind.

e) Die WG und ihre Bewohner – Nebenfiguren charakterisieren

A 1 Für Colbert ist die WG ein großes Thema, über das er immer wieder nachdenkt. Versetze dich in seine Situation und verfasse Tagebucheinträge in der Ich-Form. Gehe hierbei besonders auf seine neuen Mitbewohner (ihre Eigenarten, ihr Verhalten, ihre Reaktionen) ein.

- Tagebucheintrag 1: nachdem Colbert und Simpel die WG kennengelernt haben
  (Kapitel 2, S.60)
- Tagebucheintrag 2: nachdem Colbert mit Corentin und Simpel aus dem Schwimmbad zurückgekommen ist
  (Kapitel 7, S.154)
- Tagebucheintrag 3: nachdem Colbert mit der WG zu Abend gegessen hat – ohne Simpel
  (Kapitel 11, S. 224)
- Tagebucheintrag 4: nachdem Monsieur Hasehase aus dem Müllschlucker gerettet worden ist
  (Kapitel 13, S. 293)

A 2 Wähle dir einen der vier ursprünglichen WG-Bewohner aus und charakterisiere ihn genauer, indem du notierst, was er/sie sagt/denkt, was andere über ihn/sie sagen/denken und wie er/sie sich verhält.

Methode: Wie geht man das Verfassen einer Charakterisierung an?

1. Markiere bereits beim Lesen wichtige Textstellen zu der Figur, die du charakterisieren sollst. Musst du mehrere Figuren charakterisieren, verwende eine Farbe pro Figur.
2. Um diese Textstellen schnell wiederzufinden, kannst du sie mit bunten Klebezetteln markieren oder auf einem Papier eine Textstellen-Fundliste anlegen, in der du die Seitenzahl angibst.
3. Manchmal fällt dir beim Lesen sofort auf, welche Charaktereigenschaften durch die beschriebene Szene verdeutlicht werden – dann schreib dies an den Rand der Stelle oder zu deiner Textstellen-Fundliste.
4. Hast du den Text fertig gelesen, musst du deine Aufzeichnungen sortieren. Folgende Aspekte bieten sich hier an:
   - Daten zur Person (Aussehen, Alter, Beruf, familiäres und gesellschaftliches Umfeld)
   - Verhalten und Gedanken der Figur (Wie verhält sich die Figur? Gibt es bestimmte Charaktereigenschaften? Leidet die Figur unter einem Konflikt? Hat die Figur wichtige moralische Ansichten?)
   - Entwicklung der Figur (Verändert sich die Figur im Verlauf des Textes? Warum?)

A 3 Mit welchem/r Schauspieler/in würdest du die von dir gewählte Figur in einem Film besetzen? Begründe deine Entscheidung.

f) Colbert auf dem Prüfstand – die Perspektive einer literarischen Figur einnehmen

A 1 Colbert ist mit Simpel nach Paris gezogen, um eine neue Schule zu besuchen. Dort hat Colbert sicherlich ein Aufnahmegespräch absolvieren müssen, um am Henry IV aufgenommen zu werden.

Schreibe die mutmaßlichen Antworten von Colbert auf, indem du dich in seine Situation hineinversetzt und gegebenenfalls noch einmal im Text nachliest.

TIPP

Nicht alle Fragen findest du im Roman wortwörtlich beantwortet.

Colbert, wie ich sehe, werden Sie in Paris nur mit Ihrem Bruder leben. Wo lebt denn die restliche Familie? Und warum kümmern Sie sich um Ihren Bruder?

Sie schreiben hier davon, dass Ihr Bruder behindert ist. Warum kann er nicht in einem Heim untergebracht werden?

Wie stellen Sie sich vor, für Ihre Abschlussprüfungen zu lernen und gleichzeitig Ihren Bruder zu versorgen?

Warum ist Ihr Bruder so wichtig für Sic?

Unsere Schule steht für Humanität und Bildung. Wie stehen Sie zu diesen Werten? Gibt es weitere Werte, die für Sie wichtig sind?

g) Hin- und hergerissen! – Colberts Beziehung zu den Frauen untersuchen

A 1 Für Colbert werden in Paris zwei junge Frauen, Béatrice und Zahra, besonders wichtig. Gestalte zu beiden Frauen eine Collage aus Zeitungs- und Zeitschriftenausschnitten oder Motiven aus dem Internet, die sich an der Charakterisierung im Roman orientiert. Arbeite in den dafür vorgesehenen Feldern.

A 2 Zitiere zwischen beiden Collagen aussagekräftige Textstellen (mit Seitenangabe), die die Gefühle und Gedanken Colberts zu Béatrice und Zahra widerspiegeln.

Collage Béatrice

A 3 Lies in Kapitel 10 noch einmal die Seiten 195 bis 206. Stell dir vor, Colbert vertraut im Anschluss seinen Kummer der Online-Beratung der „Nummer gegen Kummer" (www.nummergegenkummer.de) an. Entwirf diese E-Mail, indem du möglichst genau seine Situation sowie seine Gefühle und Gedanken schilderst. Antworte dann in der Rolle eines Beraters, um Colbert bei der Lösung seiner Probleme zu unterstützen.

Collage Zahra

h) Herr Gottlieb: vom Hausdrachen zum Liebesberater – die Entwicklung einer Nebenfigur untersuchen

A 1 Zu Beginn des Romans zeigt sich Herr Gottlieb nicht von seiner besten Seite. Begründe mit Textbeispielen, weshalb du Herrn Gottlieb nicht gerne als Nachbarn haben möchtest.

A 2 Langsam ändert sich jedoch Herrn Gottliebs Verhalten gegenüber Simpel und dessen WG-Mitbewohnern. Aber warum eigentlich? Nenne Gründe.

A 3 Das Verschwinden von Monsieur Hasehase ist für Simpel wie ein Weltuntergang. Wie sich herausstellt, legt später Herr Gottlieb Simpels Stoffhasen vor die Tür. Fülle die Blase mit Gedanken, die Herrn Gottlieb nach der Entdeckung von Monsieur Hasehase durch den Kopf gehen.

A 4 „Wie heißt die junge Dame, die Ihnen widersteht?“ (S. 144) – Herr Gottlieb wird später zum Liebesberater für Enzo. Er gibt ihm Ratschläge, um Aria zu erobern, allerdings mit mehr oder weniger großem Erfolg. Fülle die Liebesplan-Tabelle. Kapitel 7 und 9 helfen dir dabei.

Ratschlag von Herrn Gottlieb (Zitate)	Enzos Umsetzung (Zitate)	Ergebnis
• „Sie müssen sich ranschmeißen.“ • „Sagen Sie ihr, dass Sie das Leben ohne sie nicht ertragen, die ganzen üblichen Dummheiten.“	• „Ich kann ohne dich nicht leben. Tag und Nacht denke ich an dich.“ • „Ich liebe dich. Ich will dich.“	Aria gibt Enzo eine Ohrfeige.

A 5 Was ist die Welt ohne Liebe? Du sollst für die „Marie-Claire“, einer mehrmals im Roman angeführten französischen Frauenzeitschrift, ein Interview führen. Herr Gottlieb ist bekanntlich Experte in diesem Bereich und daher bestens für diese Aufgabe geeignet. Stelle ihm Fragen zum Thema Liebe und beantworte sie anschließend aus Herrn Gottliebs Sichtweise. Gehe dabei auch auf die Beziehung zwischen ihm und seiner Ehefrau sowie deren einstiges Kennenlernen ein.

3. Im Medienverbund: „Simpel" lesbar

a) „Simpel" – ein Buch wird zum Kassenschlager

A 1 Recherchiere in diesem Lektürebegleiter und im Internet und beantworte folgende Fragen:

① In welche Sprachen wurde „Simpel" übersetzt?

② Wie viele Auflagen gibt es von „Simpel" alleine in Deutschland?

③ Wann sind welche medialen Umsetzungen von „Simpel" erschienen?

-
-
-
-

④ Welche Preise und Auszeichnungen hat „Simpel" erhalten?

Folgende Internetadressen helfen dir dabei:

http://www.fischerverlage.de/buch/simpel/9783596185962

http://www.hoercompany.de/index.php?op=hoerbuecher&isbn=978-3-939375-63-0

https://www.beltz.de/kinder_jugendbuch/produkte/produkt_produktdetails/32891-simpel_hoerspiel.html

http://www.djlp.jugendliteratur.org/2008/preis_der_jugendjury-5/artikel-simpel-43.html

TIPP

Wenn du Französisch lernst oder sprichst, kannst du dich auch auf der französischen Autorenseite http://marieaude.murail.pagesperso-orange.fr/ informieren.

A 2 Ergänze die Zeitleiste mit mindestens fünf wichtigen Daten und jeweils einer kurzen Erläuterung, die die Entwicklung „Simpels" zu einem Kassenschlager und anerkannten Roman zeigen.

„Simpel" erscheint in französischer Sprache.

2004 — 2018

b) Und der Sieger ist … „Simpel"! – Literaturpreise und deren Urteil kennenlernen

A 1 Als Anhang findest du u. a. in einigen Ausgaben des Romans die Urteilsbegründung der Bundesjury des *Prix des lycéens allemands*, den Marie-Aude Murail 2006 für „Simpel" erhalten hat. Informiere dich im Internet darüber, wer den Preis verleiht und wie der Sieger ermittelt wird. Nenne die Besonderheiten dieses Preises.

A 2 Warum gewinnt „Simpel" den Preis? Gib die Argumente der Bundesjury wieder, die den Roman als Sieger rechtfertigen. Den Text findest du in deinem Buch (S. 297 f.) oder unter dem Mediencode [Mediencode 4295_03].

A 3 Welchem Roman würdest du einen Preis verleihen und warum? Schreibe Schlagworte auf die Karteikarten, die du bei einer Preisverleihung verwenden würdest.

c) „Simpel" in die Mangel genommen – Literaturkritik auswerten und selbst verfassen

A 1 Zu „Simpel" gab es viele Rezensionen in Zeitungen und Zeitschriften. Hier findest du Auszüge aus zwei verschiedenen Rezensionen. Markiere die Aspekte des Romans, die von den Rezensenten besonders gelobt werden.

Unter einer **Rezension** versteht man die Beurteilung eines Buches, einer CD oder eines anderen Mediums. Dies kann sowohl in schriftlicher (im Internet, Zeitungen etc.) oder auch in mündlicher (im Radio oder Fernsehen, als Podcast etc.) Form stattfinden. Dabei wird gewöhnlich das entsprechende Medium erst kurz vorgestellt und im Anschluss kritisch bewertet.

Rezension 1

Simpel, 22 Jahre alt, spielt mit Playmobil und spricht mit seinem Stofftier Monsieur Hasehase. Gut, dass sich Colbert, sein 17-jähriger Bruder, um ihn kümmert. Die Brüder ziehen nach Paris und werden in eine Studenten-WG aufgenommen. Simpels geistige Behinderung, seine Abhängigkeit von Colbert sowie die Unarten von Hasehase sind eine große Herausforderung für alle. Dennoch darf Simpel bleiben und wird nicht in ein Heim eingewiesen.

„Ein lebenskluges, warmherziges und humorvolles Buch, das einfach glücklich macht", verspricht der Klappentext. Dass die dargestellte Entwicklung nicht ganz realistisch ist, wird nicht erwähnt. Es tauchen zu viele Ungereimtheiten auf: Die Haltung des Vaters und der bisherigen Aufsichtspersonen, der Schulwechsel und die Selbstverantwortlichkeit von Simpels Bruder oder die Zustände im Heim. Simpels Streiche, seine direkte Art oder unkontrollierbare Sturheit dienen vor allem zur Ausschmückung für Situationskomik. Die Botschaft „Wenn alle sich ein wenig die Aufsicht teilen, tolerant sind und die Menschen so annehmen, wie sie sind, dann ist ein Zusammenleben möglich" ist doch etwas – simpel. Dieses idealistische Denken ist zwar wünschenswert und entspricht vielen jungen Menschen, ist aber wohl kaum in aller Konsequenz durchführbar.

Als Lektüre aber hat das Buch Erfolg. Es wurde mit dem „Prix des Licéens allemands" ausgezeichnet, wird in der Originalsprache also offensichtlich gern gelesen. Die Geschichte birgt viele spaßige Einfälle, gut verständliche Szenen, jugendliche Alltagsfragen und idealistisches Lebensgefühl. Es sei Jugendlichen deshalb gerne als (französische) Sprachübung oder zur Unterhaltung empfohlen.

Rezension 2

Ich habe es gerne und mit Vergnügen gelesen. Diese Art Bücher lese ich sehr gerne immer wieder. Es hat viel Spaß gemacht.

A 2 Erkläre, worin sich die beiden Rezensionen unterscheiden.

A 3 Schreibe nun selbst eine Rezension zu „Simpel", in der du darlegst, was dir an dem Roman besonders oder auch weniger gefällt. Dabei kannst du auch hier schon genannte Argumente verwenden. Beachte, dass deine Rezension 100 bis 150 Wörter lang sein soll.

4. Im Medienverbund: „Simpel“ hörbar

Hörbücher und Hörspiele als literarische Texte nutzen

A 1 Wenn du im Internet nach Audio-Umsetzungen von „Simpel“ suchst, findest du zwei verschiedene CDs. Markiere die wesentlichen Informationen in den folgenden Verlagstexten.

Version A

Version B

A 2 Was kannst du bereits jetzt über diese beiden Formate wissen? Kreuze an.

	Richtig	Falsch	Nicht enthalten
Beide Hörmedien geben den gesamten Roman wieder.			
Version A ist ein Hörbuch.			
Beide Versionen wurden mit einem Preis ausgezeichnet.			
In Version B wurde der Roman bearbeitet.			
Martin Baltscheit ist der Regisseur von Version A.			
Der Sprecher des Hörbuchs ist nicht bekannt.			
Das Hörspiel ist nach dem Hörbuch entstanden.			
Marek Harloff ist alleiniger Sprecher in Version B.			
Beide Rückseiten werben mit „Simpel“ als Bestseller.			

A 3 Du bist dir nicht sicher, welche der beiden Versionen du hören möchtest. Im Internet findest du Hörproben. Höre diese an und beschreibe dann, was die Besonderheiten der jeweiligen Umsetzung sind.

	Hörprobe Version A: http://www.hoercompany.de/index.php?op=hoerbuecher&isbn=978-3-939375-63-0	**Hörprobe Version A:** http://www.hoercompany.de/index.php?op=hoerbuecher&isbn=978-3-939375-63-0
Besonderheiten	---	---

A 4 Entscheide, welches der beiden Hörmedien du gerne anhören würdest, und begründe deine Auswahl. Nutze für deine Begründung die Unterschiede zwischen einem Hörbuch und einem Hörspiel.

A 5 Was würdest du der folgenden Aussage einer Schülerin aus der Parallelklasse entgegnen? Erörtere die Vorteile des Einsatzes von Hörmedien im Unterricht.

„Hörspiel? Hörbuch? Wozu das denn? Bei uns im Unterricht wird nur gelesen!"

5. Im Medienverbund: „Simpel“ sehbar

a) Der erste Eindruck vom Film – das Filmplakat

A 1 Beschreibe das Filmplakat, indem du auf alle Einzelheiten eingehst: Figuren, Text, Aufbau und Gestaltung des Plakats, Bildauswahl.

A 2 Nenne zwei Themen des Films, die auf dem Plakat angesprochen werden.

A 3 Markiere im Plakat auf Seite 28 mit Pfeilen Details, die auf Gemeinsamkeiten oder auf Unterschiede zwischen Buch und Film hindeuten. Erkläre diese direkt neben dem Plakat.

A 4 Stelle anhand des Plakats und den vorgenommenen Markierungen Vermutungen darüber an, wie der Film die literarische Vorlage aufgegriffen und verändert haben könnte.

A 5 Ein Film und damit auch das Filmplakat richten sich immer an ein bestimmtes Zielpublikum. Überprüfe die Aussagen in der linken Tabellenspalte und fülle die Tabelle aus.

	Stimmt	Stimmt nicht	Erläutere deine Meinung!
Das Buch wird vom Verlag ab 12 empfohlen. Dann ist der Film auch für Sechstklässler geeignet.			
Der Film ist ab sechs Jahren freigegeben. Es ist also ein Kinderfilm.			
Das Filmplakat richtet sich an Kinder unter 14 Jahren.			
Mit dem Plakat sollen Jugendliche in meinem Alter angesprochen werden.			
(Junge) Erwachsene sind nicht die Zielgruppe des Films.			
Zuschauer, die gerne Actionfilme anschauen, fühlen sich durch das Plakat angesprochen.			
Mit dem Plakat werden die zentralen Themen von „Simpel" klar transportiert und verdeutlicht.			
Das Filmplakat ist langweilig und motiviert mich nicht dazu, den Film sehen zu wollen.			
Ich habe mir ein ganz anderes Plakat für den Film „Simpel" vorgestellt.			

A 6 Gestalte nun selbst ein eigenes Filmplakat zu „Simpel" und stelle es der Klasse vor.

AUFGABE NACH DEM ANSCHAUEN DES KOMPLETTEN FILMS BEARBEITEN!

TIPP

Wenn du dein Plakat vorstellst, denke daran, dass du deinen Mitschülern deine Auswahl der Elemente sowie die Zielsetzung deines Entwurfs erläuterst.

b) Der Film im Kleinformat – der Trailer zu „Simpel“

A 1 Was ist eigentlich ein Trailer? Ergänze den Lückentext. Falls dir Informationen fehlen, nutze das Internet für deine Recherchen.

Ein Trailer dient dazu, einen ersten ______________________________ vor allem in Filme, aber auch Computerspiele oder Bücher zu ermöglichen. Dabei werden besonders wichtige ______________________________ gezeigt. Die Dauer eines Trailers beträgt dabei ungefähr ____________________. Ziel ist es, dem Zuschauer den originalen Film so ______________________________ wie möglich zu machen, er dient also in erster Linie zu Werbezwecken. Ursprünglich kommt das Wort „Trail“ aus dem Englischen und bedeutet ______________________________. Hintergrund dieser Bezeichnung ist, dass Trailer früher nach einem Film – nicht wie heutzutage vorher – gezeigt wurden, um auf weitere Filme zu verweisen.

A 2 Beschreibe deine Erwartungen an den Trailer von „Simpel“.

A 3 Sieh dir nun den Trailer zu „Simpel“ an. Du findest ihn unter dem Mediencode [Mediencode 4295_04] auf der Webseite des Verlages. Schreibe deine ersten Eindrücke auf. Lass dich von Fragen wie „Welche Szenen werden gezeigt?“ und „Welche Themen werden angesprochen?“ leiten.

A 4 Vervollständige anschließend die folgende Grafik.

Gestaltungsmittel des Trailers:

- ______________________________
- ______________________________
- ______________________________
- ______________________________

Hervorgerufene Emotionen:

- ______________________________
- ______________________________
- ______________________________
- ______________________________

Zielgruppe:

____

A 5 Im Trailer sind dir sicherlich die kurzen Texteinblendungen aufgefallen. Formuliere selbst solche Einblendungen, indem du passende direkte Zitate aus dem Roman heraussuchst.

c) Etappen einer Flucht – „Simpel" als Roadmovie

A 1 Ergänze die vorliegenden Stationen von Bens und Simpels Flucht, indem du zentrale Ereignisse und Begegnungen in die Etappenfelder einträgst. Notiere daneben Gefühle von Ben in blau bzw. Simpel in rot in Stichpunkten.

1. Etappe

2. Etappe

3. Etappe

4. Etappe

5. Etappe

6. Etappe

A 2 In vielen Ankündigungen und Rezensionen wird der Film „Simpel" als Roadmovie bezeichnet. Markiere in den folgenden Definitionen die wesentlichen Aspekte eines Roadmovies.

Roadmovie ist die Bezeichnung für ein in den 1960er Jahren in den Vereinigten Staaten aufgekommenes Filmgenre. Die Handlung spielt dabei überwiegend auf Landstraßen und Highways, die Reise wird zur Metapher für die Suche nach Freiheit und Identität der Protagonisten.

Beim **Roadmovie** ist es die Bewegung zwischen zwei Orten, die selbst als Lebensform erscheint. Es geht darum, eine Reise zu machen, nicht oder nur vorgeblich darum, auch anzukommen. Roadmovies handeln vorwiegend vom Unterwegssein. [...] Manche Helden [...] müssen das Leben auf der Straße wählen, weil sie auf der Flucht sind. [...] Zahlreiche Ausprägungen hat das Roadmovie im Kontext der Jugendthematik gefunden – von *Theo gegen den Rest der Welt* (1980) bis zu Filmen, die am Ende ihrer Geschichte zeigen, dass die jugendlichen Helden wieder an einem festen Ort angekommen sind.

A 3 Bewerte nun, auch mithilfe der Übersicht aus Aufgabe 1, inwiefern diese Definitionen auf „Simpel" zutreffen. Wähle die deiner Meinung nach zutreffende Aussage und setze sie fort.

Ich bin der Meinung, dass „Simpel" ein / kein typischer Vertreter eines Roadmovies ist, weil ...

A 4 Welche anderen Filmgenres kennst du? Vervollständige das Cluster.

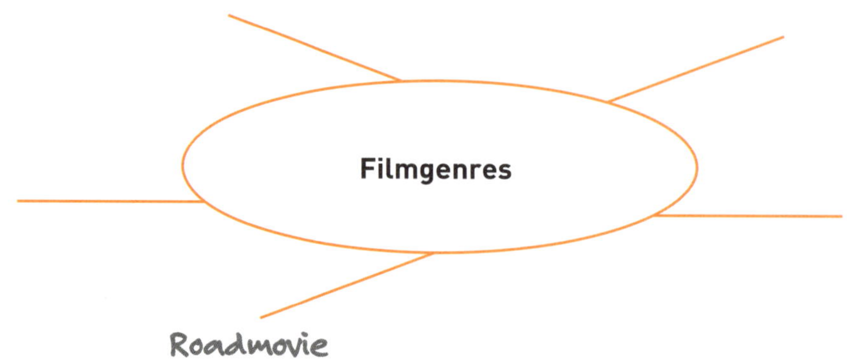

d) „Hallo! Ich bin Simpel. Ein I-di-ot!" – die Hauptfigur im Film

A 1 Hier siehst du die erste Filmszene mit Simpel. Beschreibe, woran dessen geistige Behinderung gleich zu Beginn des Films erkennbar wird.

A 2 Simpel und die anderen Figuren: Notiere, wie Simpel sich bei der ersten Begegnung mit anderen Menschen verhält und wie diese wiederum auf ihn reagieren.

Figur	So reagiert Simpel:	So reagiert die Figur:
Imbissbudenbesitzer		
Franciszek		
Enzo		
Aria		
Punk		
Chantal		

A 3 Diskutiere mit deinem Banknachbarn, welche Gemeinsamkeiten es in den verschiedenen Begegnungen gibt und wie Simpels Wirkung im Allgemeinen auf andere Menschen ist.

A 4 Wie sind diese Begegnungen im Roman umgesetzt? Fertigt dafür eine Tabelle wie in Aufgabe 2 an und ergänzt die jeweiligen Figuren und deren Reaktionen im Roman. Vergleicht anschließend die beiden Tabellen.

e) Simpel und Ben – Ben und Simpel? – ein Fotoalbum zur Beziehung der Figuren

A 1 Im Fotoalbum von Ben und Simpel fehlen Bildunterschriften. Finde passende Titel für jedes Bild, mit denen auch die Geschwisterbeziehung charakterisiert wird.

Achtung: Wozu du die Gedankenblase brauchst, erfährst du in Aufgabe 2.

①

②

③

④

⑤

A 2 Was denken und fühlen Ben bzw. Simpel eigentlich im Moment des Fotos? Schneide mindestens zehn Gedankenblasen (wie auf Seite 34 zu sehen) aus, die du mit passenden Gefühlen/Gedanken füllst, und klebe diese zum jeweiligen Foto passend auf.

A 3 Überprüfe, welche Aspekte der Brüderbeziehung im Roman thematisiert werden. Bewerte abschließend, ob der Film die Brüderbeziehung gelungen umgesetzt hat.

A 4 Kommentiere das folgende Zitat des Regisseurs. Analysiere dafür auch die Entwicklung der Brüder(-Beziehung), die im Fotoalbum oben verdeutlicht wird.

Filmregisseur Markus Goller

Wir haben lange versucht, den Roman in ein Kino-Drehbuch zu verwandeln. Im Laufe der Zeit stellte sich heraus, dass wir uns auf die beiden Brüder und deren Geschichte konzentrieren müssen […]. Im Film dockt man meistens mit einer Hauptfigur an und reist mit ihr durch ihr Abenteuer. Bei „Simpel" ist es Ben. Er muss lernen loszulassen. Das war das Zentrum unseres Drehbuchs. […] An Simpel mag ich im Film besonders, dass irgendwann klar wird, dass es Ben ist, der Simpel mehr braucht als andersrum.

TIPP

Das gesamte Interview mit dem Regisseur Markus Goller findest du mit dem [Mediencode 4295_02] auf der Webseite des Verlages.

f) „Hallo, ich bin Aria!"– die Charakterisierung einer Filmfigur

A 1 Fülle den folgenden Steckbrief über Aria aus, indem du die Informationen aus dem Film verwendest und dich in die Figur hineinversetzt.

Name: Aria

Mein Wohnort:

Mein Alter:

Meine Familie:

Meine Freunde:

Meine Hobbys:

Mein Beruf:

Das würden andere über mich sagen:

So bin ich wirklich:

Mein Verhältnis zu Simpel:

Mein Verhältnis zu seinem Bruder Ben:

A 2 Begib dich in die Rolle des Regisseurs und schreibe der Autorin des Romans eine E-Mail, in der du begründest, warum du die Figur der Aria verändert hast und viele der Romanfiguren im Film nicht auftreten lässt.

g) (K)ein Herz für Simpel? – Simpels Vater als Filmfigur

A 1 Schreibe *in* den Schattenriss des Vaters, was er fühlt, und *außerhalb*, wie er sich verhält. Ergänze die Sprechblasen mit typischen Sätzen von ihm.

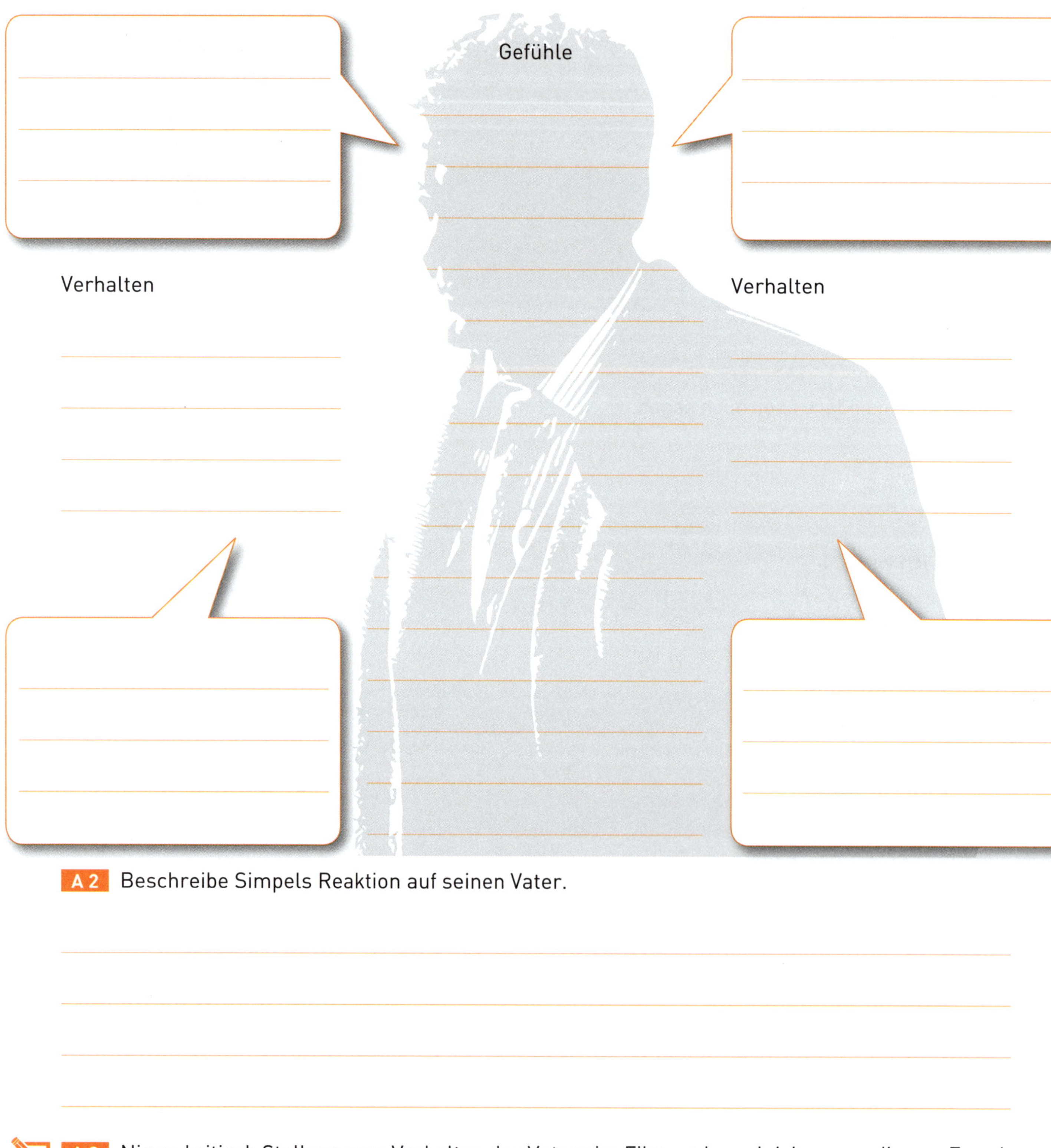

A 2 Beschreibe Simpels Reaktion auf seinen Vater.

A 3 Nimm kritisch Stellung zum Verhalten des Vaters im Film und vergleiche es zu diesem Zweck auch mit seinem Verhalten im Roman.

h) Die Entscheidung für das Heim oder doch dagegen? – ein innerer Konflikt

A 1 Im Folgenden findest du Aussagen von unterschiedlichen Figuren aus dem Film, die Ben raten, Simpel ins Heim zu schicken. Ordne jedem Zitat die jeweilige Figur zu.

Kuck dir das mal an hier [Infobroschüre über Haus Sonnengarten]. Die waren echt nett.

Ich will, dass du dein Leben selbst bestimmst, Ben. Dass du machst, worauf du Lust hast.

Ich muss Simpel am Dienstag abholen in ne Einrichtung, die gut für ihn ist. Der Junge braucht ne 24-Stunden-Betreuung.

Simpel kann gezielt gefördert werden! Neue soziale Kontakte knüpfen!

A 2 Ben weiß nicht, ob für Simpel die Unterbringung im Heim gut wäre. Um leichter zu einer Entscheidung zu gelangen, könnte er sich eine Pro-Contra-Liste erstellen. Hilf ihm dabei und sammle Argumente, die Ben darin notieren könnte.

Für die Unterbringung im Heim spricht ...	Gegen das Heim spricht ...

A 3 Bens Gedanken kreisen weiter. Schreibe einen inneren Monolog aus seiner Sicht. Nutze dabei obige Pro-Contra-Liste und gehe auch auf die Folgen ein, die Simpels Unterbringung im Heim für Ben bedeuten würde.

A 4 Was würdest du Ben empfehlen? Schreibe deinen Ratschlag in die Sprechblase.

i) „Bis gleich, Seemann!“ – Leitmotive im Film

A 1 Dieses Plakat taucht im Film dreimal auf. Achte beim nochmaligen Sehen der Szenen darauf, wer dieses Plakat in welcher Situation sieht, und ergänze die Tabelle.

	Situation in chronologischer Reihenfolge des Films	Mögliche Gedanken des Betrachters im Film	Filmhandlung davor / kurz danach
00:37:40			
01:10:00			
01:17:00	Ben läuft am Plakat vorbei		

A 2 Benenne die wichtigsten Elemente des Plakats und erkläre, in welchem Bezug sie zur Realität von Ben und Simpel stehen.

A 3 Erkläre, warum dieses Plakat immer wieder zu sehen ist. Beziehe in deine Erklärung den Begriff „Leitmotiv" mit ein. Der Infokasten hilft dir dabei.

Leitmotiv, das: häufig wiederkehrende, einprägsame Formulierung, Aussage, die in der Art eines musikalischen Leitmotivs fest mit einer bestimmten Person, Sache, Situation, Stimmung usw. verbunden ist, Gebrauch: Literaturwissenschaft

A 4 Wenn du genau aufgepasst hast, sind dir vielleicht auch folgende Textstellen im Film aufgefallen. Erkläre, wie diese Zitate mit dem Leitmotiv zusammenhängen.

Das Leben ist eben nicht immer leicht,
weil man sein Ziel nicht gleich erreicht.
Der Himmel wird immer mal wieder blau!
Ciao, Marco, Ciao!
Weiße Segel in der Ferne
ziehen weit hinaus aufs Meer,
und im Schein der Abendsterne
schaust du traurig hinterher.

Wir wollen Seemänner werden, mein Bruder und ich.

Was hältst du von Palmenstrand und Kokosnüssen?

Bis bald, Seemann!

A 5 Nenne weitere Leitmotive aus dem Film.

j) Ein neues Zuhause für Simpel – das Filmende

A 1 Haus Sonnengarten wird das neue Zuhause für Simpel. Analysiere das Bild hinsichtlich der Darstellung des Heims und seiner Wirkung auf Simpel und den Zuschauer.

Darstellung des Heims	Wirkung	auf Simpel und den Zuschauer

A 2 Sarah ist Simpels neue Freundin im Film. Auch im Roman gibt es eine solche Freundschaft für Simpel. Nenne den Namen der Figur.

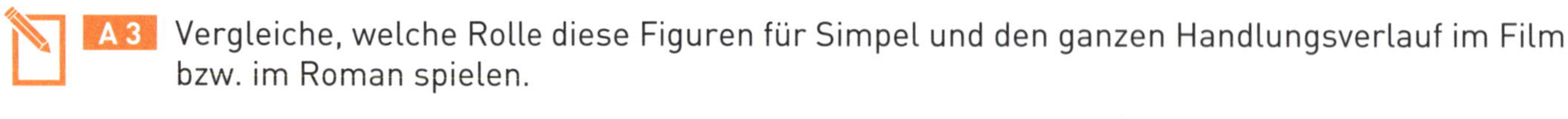

A 3 Vergleiche, welche Rolle diese Figuren für Simpel und den ganzen Handlungsverlauf im Film bzw. im Roman spielen.

A 4 Stell dir vor, Aria und Enzo besuchen Simpel einen Monat später im Haus Sonnengarten. Am Abend schreiben sie Ben einen Brief über diesen Tag und darüber, wie es Simpel geht. Schreibe diesen Brief.

k) Drehbücher sind Kino im Kopf – vom Roman zum Film

A 1 Lies den folgenden Text und markiere die Besonderheiten des Drehbuchschreibens.

Drehbuch: Die Idee zum Film ist bereits geboren, das Team vielleicht schon verpflichtet, eine Romanvorlage gibt es womöglich auch – wozu braucht es noch ein spezielles Drehbuch und die langwierige Arbeit eines Autors? Die Handlung ist schließlich bereits erfunden ...

Drehbuchschreiben heißt, eine Geschichte in bewegten Bildern zu erzählen. Der vorhandene Stoff wird nach filmischen Gesichtspunkten in eine dramaturgische Form gebracht: Haupt- und Nebenhandlung, Dialoge, handelnde Personen – alles muss in einen schlüssigen Zusammenhang gestellt werden und dabei spannend bleiben. Es ähnelt einem Puzzlespiel, von dem man nicht immer genau weiß, wie viele Teile es eigentlich hat. Vom Exposé[1] zum Treatment[2] über die erste Rohfassung hin zum endgültigen Drehbuch vergehen nicht selten Monate oder gar Jahre, die dem Autor viel Geduld und Kreativität abverlangen.

Doch während Romane Gefühle und Gedanken erzählen können, muss ein Drehbuch sie filmisch beschreiben und durch Bilder oder Symbole ersetzen – Drehbücher sind Kino im Kopf! Drehbuchautoren schaffen Szenen, geben technische Anweisungen, entwerfen Dialoge und fixieren alle Ideen rund um den Film.

A 2 Erkläre, was der Satz „Drehbücher sind Kino im Kopf" bedeutet.

Wir haben lange versucht, den Roman in ein Kino-Drehbuch zu verwandeln. Im Laufe der Zeit stellte sich heraus, dass wir uns auf die beiden Brüder und deren Geschichte konzentrieren müssen und wollen. Die filmische Dramaturgie über ca. 100 Minuten ist eine andere als die eines Romans, der sich über viele 100 Seiten mit vielen Figuren und deren Gefühlen und Gedanken beschäftigen kann. Da sind wir nicht die Ersten, die das erfahren haben. Im Film dockt man meistens mit einer Hauptfigur an und reist mit ihr durch ihr Abenteuer. Bei „Simpel" ist es Ben. Er muss lernen loszulassen. Das war das Zentrum unseres Drehbuchs. Die einzelnen Figuren und ihre eignen Stränge und Abenteuer im Roman, vor allem in der WG nehmen den Fokus von diesem Zentrum und sprengen den Rahmen der Dramaturgie des Filmdrehbuchs.

Filmregisseur Markus Goller

A 3 Fasse zusammen, warum der Regisseur Markus Goller sich dafür entschieden hat, frei mit der Handlung umzugehen.

[1] das Exposé: knappe Inhaltsangabe, die die wesentlichen Figuren und thematischen Grundlinien darlegt
[2] das Treatment: verschiedene Vorformen eines Drehbuchs

A 4 Schau dir eine Seite aus dem Originaldrehbuch zu „Simpel" an und arbeite mithilfe der Pfeile die Besonderheiten eines Drehbuchs heraus.

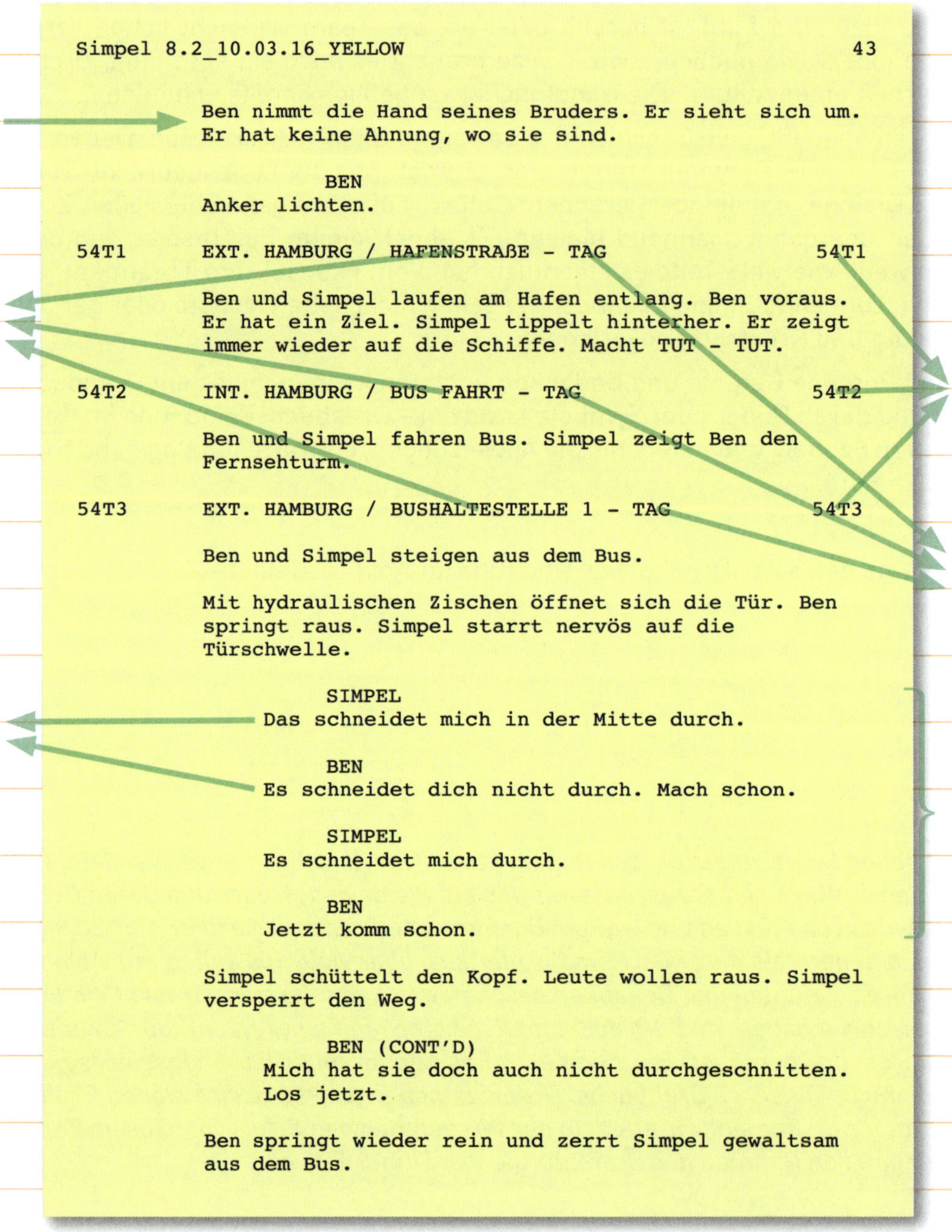

```
Simpel 8.2_10.03.16_YELLOW                                        43

                  Ben nimmt die Hand seines Bruders. Er sieht sich um.
                  Er hat keine Ahnung, wo sie sind.

                                BEN
                  Anker lichten.

54T1              EXT. HAMBURG / HAFENSTRAßE - TAG                54T1

                  Ben und Simpel laufen am Hafen entlang. Ben voraus.
                  Er hat ein Ziel. Simpel tippelt hinterher. Er zeigt
                  immer wieder auf die Schiffe. Macht TUT - TUT.

54T2              INT. HAMBURG / BUS FAHRT - TAG                  54T2

                  Ben und Simpel fahren Bus. Simpel zeigt Ben den
                  Fernsehturm.

54T3              EXT. HAMBURG / BUSHALTESTELLE 1 - TAG           54T3

                  Ben und Simpel steigen aus dem Bus.

                  Mit hydraulischen Zischen öffnet sich die Tür. Ben
                  springt raus. Simpel starrt nervös auf die
                  Türschwelle.

                                SIMPEL
                        Das schneidet mich in der Mitte durch.

                                BEN
                        Es schneidet dich nicht durch. Mach schon.

                                SIMPEL
                        Es schneidet mich durch.

                                BEN
                        Jetzt komm schon.

                  Simpel schüttelt den Kopf. Leute wollen raus. Simpel
                  versperrt den Weg.

                                BEN (CONT'D)
                        Mich hat sie doch auch nicht durchgeschnitten.
                        Los jetzt.

                  Ben springt wieder rein und zerrt Simpel gewaltsam
                  aus dem Bus.
```

A 5 Schreibe selbst einen Textauszug als Drehbuch um – wähle hierzu eine Stelle aus, die so nicht im Film vorkommt. Beachte die Dinge, die du bei Aufgabe 3 entdeckt hast.

l) Music makes the film go round – der Soundtrack als filmdramaturgisches Gestaltungsmittel

Der Ton im Film: Filme arbeiten im Unterschied zum Buch auch mit Höreindrücken und das bereits seit deren Erfindung im Jahr 1885, als die erste öffentliche Filmvorführung der Gebrüder Lumières in Paris stattfand. Zwar konnte man in den Anfängen des Films nur ohne Ton arbeiten (Stummfilme) und Dialoge mussten aufwändig mit sogenannten Zwischentiteln in den Film hineingeschnitten werden. Aber bei der Präsentation der Stummfilme gab es immer auch eine auditive, also hörbare Ebene in Form von klassischer Musik (meist Klavier) und Geräuschen, die zur visuellen, also sichtbaren Ebene hinzugefügt wurde.

Musik führt die Emotionen der Zuschauer. [...] Für mich ist Ton, also Musik und Atmosphäre, Geräusche, Stille ca. 40 Prozent dessen, was einen Film überhaupt ausmacht.

Regisseur Markus Goller

A 1 Erkläre, warum die akustische Untermalung eines Films für Filmschaffende (und Publikum) unverzichtbar ist, und gehe dabei auch auf unterschiedliche Funktionen von Geräuschen / Musik ein.

A 2 Hier siehst du den Soundtrack zu „Simpel". Beschreibe, was dir auffällt.

„Simpel" Feature Film 24fps Music List

ID	Timecode In	Timecode Out	Length (mm:ss)	Title	Composer
1	00:59:37:18	00:59:47:13	00:10	Studio Hamburg Logo 24fps	---
2	01:00:00:00	01:02:40:19	02:41	M01 Opener	AP
3	01:03:30:12	01:05:32:04	02:02	M02 Simpel's Dance	AP
4	01:07:03:07	01:08:21:16	01:18	M03 Funeral	AP
5	01:09:51:13	01:10:51:18	01:00	M04 Sorry Mama	AP
6	01:12:43:09	01:15:32:17	02:49	M05 For Elsa (Love what you do)	Hien
7	01:17:23:11	01:19:48:05	02:25	M06 The Kidnap	AP
8	01:20:59:07	01:21:17:16	00:18	M07 Radio Frittenbude	AP
9	01:22:04:22	01:24:54:23	02:50	M08 Szalona Magda	Kamil Wojciechowski
10	01:24:54:12	01:26:21:12	01:27	M09 Into the Sunset	Hien
11	01:29:29:00	01:30:15:10	00:46	M10 Into the Sunset	Hien
12	01:30:42:15	01:31:35:14	00:53	M11 Radio Tankstelle	AP
13	01:31:48:20	01:34:01:11	02:13	M12 Autoradio Aria	AP
14	01:35:23:20	01:38:06:13	02:43	M13 Montage Hamburg	AP
15	01:39:00:09	01:39:12:07	00:12	M15a Autohaus	AP
16	01:39:41:17	01:39:53:06	00:12	M15b Autohaus	AP
17	01:40:25:23	01:40:47:21	00:22	M15c Autohaus	AP
18	01:42:06:11	01:44:53:05	02:47	M15d Autohaus	AP
19	01:44:54:07	01:47:51:19	02:58	M16 Reeperbahn	AP
20	*01:45:01:23*	*01:45:55:21*		*M14a entfällt*	---
21	01:47:09:22	01:47:19:07	00:09	M14b HaseHase@Moulin Rouge	AP
22	*01:47:28:02*	*01:47:32:19*		*M17 entfällt*	---
23	01:55:35:20	01:57:45:19	02:10	M18 Into the Sunset	Hien
24	*02:00:16:21*	*02:03:03:08*		*M19 entfällt*	---
25	02:01:21:02	02:03:39:17	02:19	M20 Hausbrand	AP
26	02:09:42:06	02:11:56:08	02:14	M21 For Elsa (Love what you do)	Hien
27	02:15:05:16	02:18:07:21	03:02	M22 Beting	AP
28	02:18:10:19	02:19:30:07	01:20	M23 Radio Supermarkt	AP
29	02:20:41:10	02:21:37:21	00:56	M24 Into the Sunset	Hien
30	02:22:39:21	02:29:19:23	06:40	M25 Ipanema	AP
31	02:30:49:05	02:32:58:21	02:10	M25a Simpel haut ab	AP
32	02:33:36:09	02:36:04:17	02:28	M26 Simpel gets lost	AP
33	02:38:13:00	02:39:00:11	00:47	M27 Into the Sunset	Hien
34	02:39:32:12	02:41:36:12	02:04	M28 The Roof	AP
35	02:42:30:20	02:43:49:13	01:19	M29 Reunion	AP
36	02:44:05:12	02:46:19:15	02:14	M30 For Elsa (Love what you do)	Hien
37	02:47:02:16	02:51:25:16	04:23	M31 Keep your Head up	Ben Howard/PIA
38	02:51:21:08	02:52:58:20	01:38	M32 The Kidnap cut	AP

A 3 Ergänze – wenn nötig im Heft – die folgenden Satzanfänge.

Beim Soundtrack von „Simpel" ist mir aufgefallen, dass ... ____________________

Ein Film ohne Soundtrack ist wie ein ... ____________________

Mein Lieblingssoundtrack ist ... ______________ , weil .... ______________

Von einem guten Soundtrack erwarte ich, dass ... ____________________

Den Soundtrack könnte man als „Herzschlag des Films" bezeichnen, denn ... __________

A 4 **„Keep your head up"** (2011) von **Ben Howard** ist der Titelsong von „Simple". Markiere die Zeilen, die auf die Leitmotive oder die Grundthemen des Films anspielen. Bewerte die Wahl des Songs.

I spent my time watchin'
the spaces that have grown between us.
And I cut my mind on second best
or the scars that come with the greenness.

And I gave my eyes to the boredom
still the seabed wouldn't let me in.
And I tried my best to
embrace the darkness in which I swim.
Now walkin' back down this mountain
with the strength of a turnin' tide.
Oh the wind's so soft on my skin
the sun so hard upon my side.
Oh lookin' out at this happiness

I search for between the sheets.
Oh feelin' blind and realize
All I was searchin' for was me.
Ooh ooh all I was searchin' for was me.
Keep your head up, keep your heart strong.
No, no, no, no.
Keep your mind set, keep your hair long.
Oh my my darlin' keep your head up, keep your heart strong.
No, no, no, no.
Keep your mind set in your ways, keep your heart strong.
I saw a friend of mine the other day
and he told me that my eyes were gleamin'.
Oh I said I had been away, and he knew
oh he knew the depths I was meanin'
And it felt so good to see his face
or the comfort invested in my soul.
Oh to feel the warmth of a smile
when he said „I'm happy to have you home.
Ooh ooh I'm happy to have you home."
Yeah, keep your head up, keep your heart strong.
No, no, no, no.
Keep your mind set, keep you hair long.

Oh my my darlin', keep your head up, keep you heart strong.
No, no, no, no.
Keep your mind set in your ways, keep your heart strong.
'Cause I'll always remember you the same.

Oh eyes like wild flowers within demons of change.
May you find happiness there
May all your hopes all turn out right.
Keep your head up, keep your heart strong.
No, no, no, no.
Keep your mind set, keep you hair long.
Oh my my darlin', keep your head up, keep you heart strong.
No, no, no, no.
Keep your mind set in your ways, keep your heart strong.
'Cause I'll always remember you the same.
Oh eyes like wild flowers within demons of change

A 5 Suche ein anderes Lied, das sich ebenfalls oder sogar besser als Titelsong geeignet hätte. Schreibe einen Brief an Regisseur Markus Goller, in dem du deinen Song mitschickst und begründest, warum du ihn für passender hältst.

m) Alles eine Frage der Perspektive – die Analyse der Kameraeinstellungen

A 1 Ordne die Stills den passenden Beschreibungen der Einstellungsgröße bzw. Kamerawinkel zu.

A 2 Ergänze rechts daneben, welche Funktion bzw. Wirkung die jeweilige Einstellungsgröße deiner Meinung nach hat.

① 

ⓐ **Amerikanisch:** Menschen von den Knien / Hüfte an aufwärts; Mimik und Gestik gewinnen an Bedeutung

② 

ⓑ **Großaufnahme:** Großaufnahme des Gesichts oder eines einzelnen Gegenstands

③ 

ⓒ **Totale:** Handlungsraum der Menschen; Mensch ist in der vollen Größe zu sehen

④ 

ⓓ **Nahaufnahme:** Ab der Brust aufwärts; Mittelpunkt der Einstellung ist die Figur, nicht mehr der Raum

⑤ 

ⓔ **Halbtotale:** Mensch immer noch Teil der Umgebung, aber von Kopf bis Fuß zu sehen

⑥ 

ⓕ **Weite Aufnahme:** Landschaft, in der die Menschen höchstens verschwindend klein zu sehen sind

Kameraarbeit: Neben der **Einstellungsgröße** (auch: Kamerawinkel) spielt die **Kameraperspektive**, d. h. in welche Richtung die Kamera blickt, eine wichtige Rolle. Es gibt verschiedene Möglichkeiten, wobei der häufigste Fall die Normalsicht ist. Für eine genauere Analyse sind vor allem Abweichungen von der Normalsicht interessant, für die es immer einen besonderen Grund gibt.

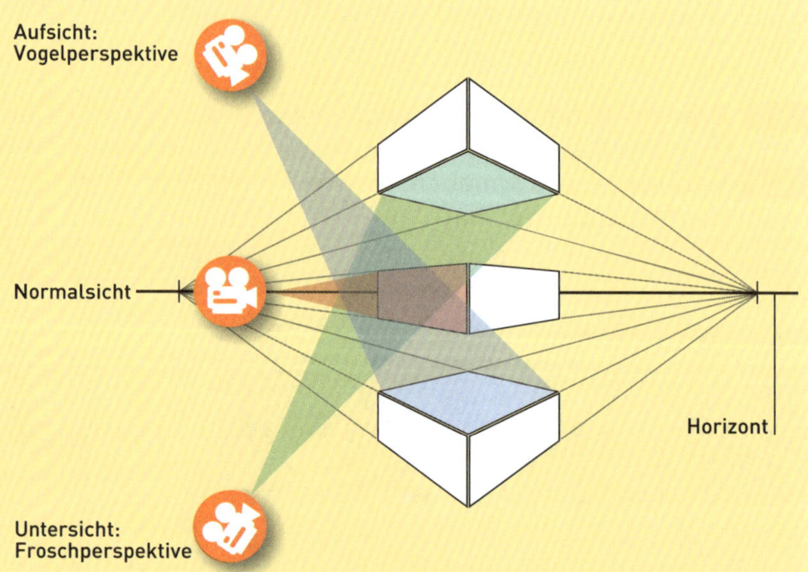

Außerdem sind **Kamerabewegungen** bedeutungsgestaltende Elemente des Films. Hierbei kann man zwei Kategorien unterscheiden: Zum einen gibt es die sog. **Kamerafahrt**, wie eine Verfolgungsfahrt oder auch eine Fahrt auf Objekte zu oder von ihnen weg, und zum anderen die sogenannten **Schwenks**, bei denen die Kamera ihren Standort nicht verlässt: Die Kamera wird dabei über eine Einstellung oder Szene hinweg bewegt, eben geschwenkt. Dadurch erhält der Zuschauer einen Überblick und Zusammenhänge werden verdeutlicht. Entscheidend bei einem Schwenk ist auch das Tempo: Je langsamer der Schwenk, desto mehr Zeit hat der Zuschauer, um Details wahrzunehmen oder sich auf die emotionale Stimmung einzulassen. Schnelle Schwenks wirken dynamisch, können auf eine Wendung in der Handlung hinweisen oder bei extremer Schnelligkeit (Reißschwenk) auch Emotionen wie Erschrecken oder Schock vermitteln.

A 3 Auch im Film „Simpel“ werden mehrmals besondere Perspektiven oder Kamerabewegungen eingesetzt. Schau dir folgende Szenen noch einmal an und analysiere sie mithilfe des obigen Infotextes.

AUFGABE BEIM NOCHMALIGEN ANSCHAUEN DES FILMS BEARBEITEN!

Zeit	Szene	Perspektive / Kamerabewegung	Funktion / Wirkung
01:08:30 – 01:08:55	Simpel und Aria sitzen auf der Wippe		
01:25:46 – 01:25:53	Simpel wartet auf der Schaukel		
01:41:38 – 01:41:58	Monsieur Hase-Hase fällt vom Dach		

n) *Aber das war doch im Buch ganz anders!* – ein Vergleich zwischen Roman und Film

A 1 Wie dir sicherlich bewusst geworden ist, unterscheidet sich die Verfilmung in vielerlei Hinsicht von der Romanvorlage. Fasse noch einmal das Wichtigste zusammen, indem du die Unterschiede zwischen den beiden „Simpel"-Fassungen in der Tabelle notierst.

	Roman	Film
Hauptfiguren		
Nebenfiguren		
Ort der Handlung		
Simpels und Bens Familie		
Sonstiges		

A 2 Welche Aspekte (z. B. Szenen, Figuren, filmische Gestaltungsmittel) sind im Film besonders gelungen? Lege dafür in deinem Heft eine Mind-Map an.

A 3 Deine Meinung ist gefragt! Schreibe eine Filmkritik, indem du ausführlich die Umsetzung der literarischen Vorlage beschreibst (dabei helfen dir die obige Tabelle und alle Ergebnisse der vorherigen Aufgaben zum Film). Beurteile dabei auch, ob die filmische Adaption gelungen ist und ob sie dir gefallen hat (verwende dabei das Cluster).

6. Materialgestütztes Informieren – Behinderung und Inklusion

Es ist normal, verschieden zu sein – einen Infoflyer planen und gestalten

Kann ein Behinderter mit Nicht-Behindertern leben und wenn ja, wie funktioniert das? Um diese Frage geht es u. a. in „Simpel" und in unserer Gesellschaft, die sich in letzter Zeit verstärkt mit dem Thema der sogenannten Inklusion auseinandersetzt.
Auch deine Schule will sich in Zukunft besonders im Bereich der Inklusion weiterentwickeln. Daher möchte sie darüber informieren, was eine inklusive Schule ist. Für den Tag der offenen Tür soll ein Infoflyer erarbeitet werden, welcher von den Besuchern mitgenommen werden kann.
Deine Aufgabe ist es nun, diesen Infoflyer zu gestalten.

Aufgabenstellung (materialgestütztes Schreiben)

Erstelle einen Flyer zum Tag der offenen Tür zum Thema „Inklusion". Zwei Varianten für unterschiedliche Adressaten sind vorgesehen: eine für Grundschüler und eine für ihre Eltern.

Variante 1: Flyer speziell für Kinder zwischen 8 – 12 Jahren

Variante 2: Flyer für Eltern von zukünftigen Schülern deiner Schule

Erarbeite eine der Varianten mithilfe der folgenden Materialien und deinem eigenen Wissen.

Dieses Kapitel leitet dich methodisch dazu an und liefert entsprechendes Material, das du für den Flyer verwenden kannst.

Methode: einen informierenden Text planen und verfassen

1. Lies die Aufgabenstellung genau und markiere, was von dir verlangt wird.
2. Erstelle ein Cluster, in dem du alles notierst, was dir zu diesem Thema einfällt.
3. Lies nun die dir zur Verfügung stehenden Materialien und werte sie aus. Wie das geht, lernst du im weiteren Kapitelverlauf.
4. Erstelle einen Schreibplan (z. B. in Form einer Tabelle, einer Mind-Map oder einer Gliederung).
5. Ordne die ausgewerteten Materialien dem Schreibplan zu.
6. Ergänze den Schreibplan mit deinem eigenen Wissen (siehe Ergebnisse aus Schritt 2).
7. Lies noch einmal die Aufgabenstellung und prüfe, ob du alle Aspekte in deinen Plan eingearbeitet hast. Vervollständige ihn gegebenenfalls.
8. Schreibe nun einen Text auf Grundlage deiner Ergebnisse. Achte dabei auf folgende Aspekte:
   - Welche Textsorte sollst du schreiben (Brief, Referat, Rede, Zeitungsbericht, Lexikonartikel ...)?
   - An wen richtet sich der Text?
   - Was ist der Anlass des Textes?
   - Wozu dient der Text?
   - Hast du dein eigenes Wissen verwendet?
   - Werden die Kernaspekte aller Materialien berücksichtigt?
   - Hast du deinen Text logisch aufgebaut und verständlich formuliert?
9. Wenn dein Text fertig ist, überarbeite ihn noch einmal mit den Hilfsfragen aus Punkt 9 dieser Checkliste.

A 1 Lies die Aufgabenstellung genau und markiere mit unterschiedlichen Farben Thema, Adressat, Textsorte sowie Anlass und ergänze die folgende Grafik.

Adressat

→ An wen richtet sich der Text?

Achte daher in deinem Text auf

Textsorte

→ Was für einen Text (informierend, erzählend, argumentierend?) schreibst du?

Achte daher in deinem Text auf

A 2 Erstelle ein Cluster zum vorgegebenen Thema der Aufgabenstellung.

A 3 Lies die Materialien und markiere wesentliche Informationen zum Thema der Aufgabenstellung.

Material 1: Was bedeutet überhaupt Inklusion?

Der Begriff Inklusion

Die UN-Behindertenrechtskonvention hat 2008 „Inklusion" als Menschenrecht für Menschen mit Behinderungen erklärt. Inklusion (lateinisch „Enthaltensein") bedeutet, dass alle Menschen selbstbestimmt am gesellschaftlichen Leben teilnehmen. Das heißt: Menschen mit Behinderungen müssen sich nicht mehr integrieren und an die Umwelt anpassen, sondern diese ist von vornherein so ausgestattet, dass alle Menschen gleichberechtigt leben können – egal wie unterschiedlich sie sind. Das Ideal der Inklusion ist, dass die Unterscheidung „behindert/nichtbehindert" keine Relevanz mehr hat.

Hintergrund

Der Begriff „Inklusion" entstand erstmals in den 70er-Jahren in den USA, als Mitglieder der Behindertenbewegung eine volle gesellschaftliche Teilhabe einforderten. Obwohl damit alle Lebensbereiche gemeint sind, hatten ihre Forderungen zunächst vor allem Auswirkungen auf den Bildungsbereich. Sie führten zum Beispiel 1994 zur Salamanca-Erklärung der UNESCO-Weltkonferenz. Dort beschlossen Vertreterinnen und Vertreter von Nichtregierungsorganisationen und von rund 90 Staaten das gemeinsame Ziel „eine Schule für alle".

Umsetzung in Deutschland

Auch in Deutschland ist Inklusion bislang hauptsächlich im Bereich Schulbildung ein Thema. Mancherorts konnte das Modell der „inklusiven Schule" schon eingeführt werden – eine Schule, die sowohl behinderten als auch nicht behinderten Schülerinnen und Schülern einen gemeinsamen Unterricht ermöglicht. Bisher nimmt Deutschland in Europa jedoch einen hinteren Rang ein, was die Umsetzung dieses integrativen Schulmodells betrifft.

Quelle: Leidmedien am 10.01.2018

Material 2: Inklusion – Illustration - Begriffserklärung

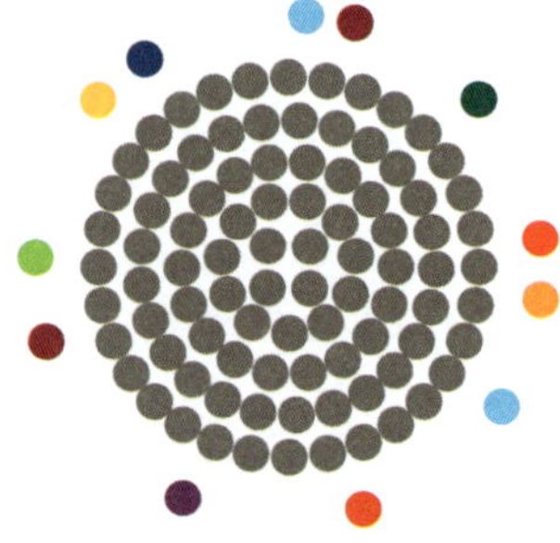

Exklusion

Integration

Inklusion

Quelle: Webseite von Aktion Mensch am 11.01.2018

Material 3: Wie spricht und schreibt man über Behinderung?

Empfehlung:

Allgemein: „behinderte Menschen" / „Menschen mit Behinderung"

Diese Bezeichnungen sind im Deutschen politisch korrekt. Die englischen Entsprechungen werden in England („disabled people") und in den USA („people with disabilities") unterschiedlich bevorzugt. „Behinderte Menschen" weist darauf hin, dass die Behinderung nicht etwas ist, das zur Person gehört, sondern der Person durch die ungünstigen sozialen Umstände widerfährt. Dies drückt sich im Slogan: „behindert ist man nicht, sondern man wird behindert" oder durch das Wortspiel „gehindert" aus. Diese Verwendung entspricht somit dem sozialen Modell von Behinderung - nicht einem medizinischen!

„Menschen mit Behinderung" will sagen, dass der Mensch zuerst kommt und seine Beeinträchtigung nur eines der vielen Persönlichkeitsmerkmale ist. Dies wird auch durch die Bezeichnung „people first" für die politische Interessensvertretung der Menschen mit Lernschwierigkeiten ausgedrückt.

Absolute „Don'ts":

Dass man nicht mehr „Krüppel", „blödsinnig" oder „Idiot" sagt, dürfte sich herumgesprochen haben, aber auch andere Bezeichnungen sind beleidigend für viele betroffene Menschen!

Unbedingt zu vermeiden:	***Alternative:***
an den Rollstuhl gefesselt (oder gebunden)	ist Rollstuhlfahrer, benützt einen Rollstuhl
mongoloid	hat das Down-Syndrom, hat Trisomie 21
taubstumm	ist gehörlos
Zwerg, Liliputaner	ist kleinwüchsig
Spastiker	hat Cerebralparese
Wasserkopf	hat einen Hydrocephalus
debil, schwachsinnig	Menschen mit Lernschwierigkeiten, ist kognitiv beeinträchtigt

Material 4: Schülerinnen und Schüler mit Förderbedarf an deutschen Schulen

Abb. H1-1: Schülerinnen und Schüler mit sonderpädagogischer Förderung in allgemeinbildenden Schulen 2000/01 und 2012/13 nach Förderschwerpunkten

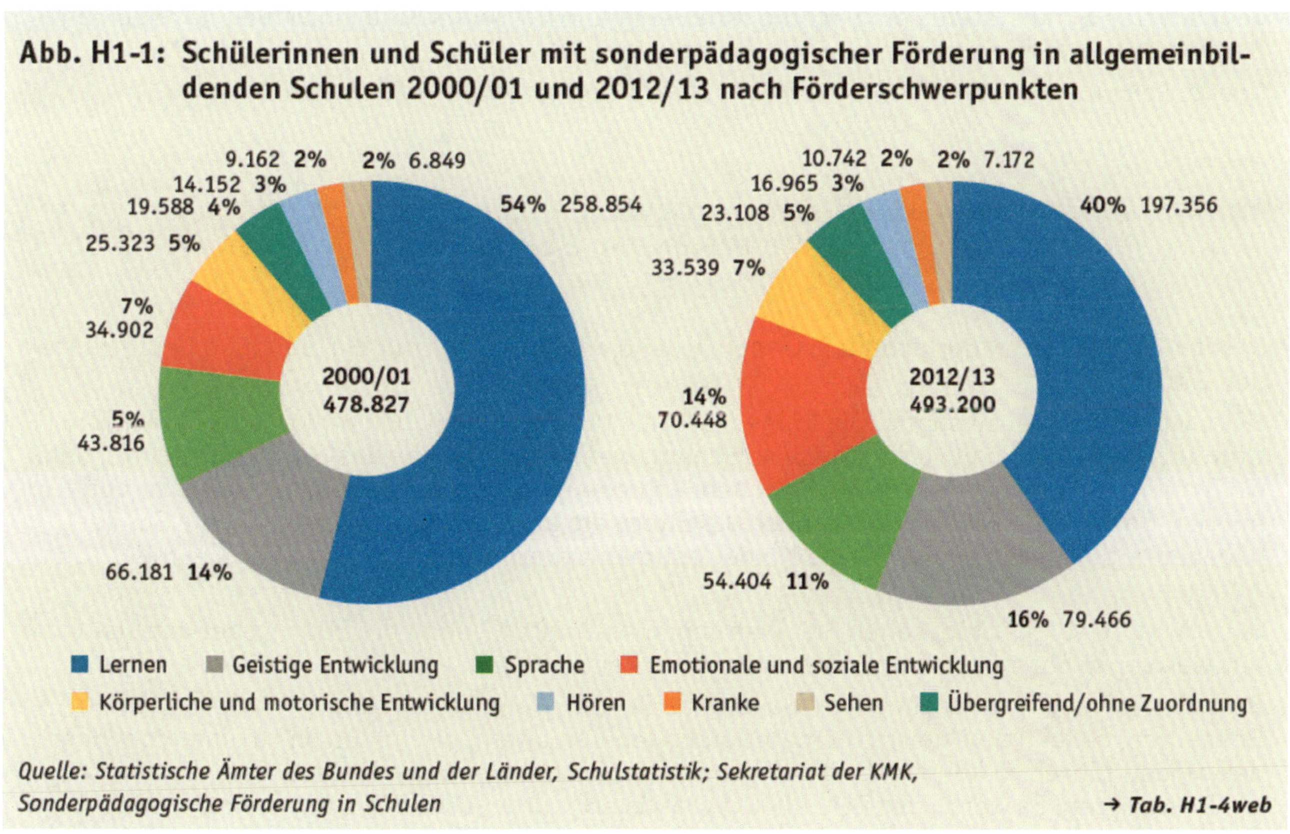

Quelle: Statistische Ämter des Bundes und der Länder, Schulstatistik; Sekretariat der KMK, Sonderpädagogische Förderung in Schulen

→ Tab. H1-4web

Material 5: Recht auf Teilhabe - Staatliche Angebote der Unterstützung

In Deutschland gibt es zwei wichtige Gesetze für Menschen mit Behinderung: Das Sozialgesetzbuch 9 (Rehabilitation und Teilhabe behinderter Menschen) und das Sozialgesetzbuch 11 (Teilhabe-Leistungen). Nach diesen Gesetzen haben Menschen mit Behinderung das Recht, am gesellschaftlichen Leben teilzunehmen. Wenn zum Beispiel ein gehörloser Student an einer Vorlesung teilnehmen möchte, kann er einen Gebärdensprachdolmetscher bekommen. Ein Mensch mit Sehbehinderung am Arbeitsplatz hat das Recht auf technische Hilfsmittel. Oder wenn ein Mensch mit Behinderung ins Kino oder zum Konzert gehen möchte, kann er oder sie eine persönliche Assistenz bekommen.

Menschen mit Behinderung haben durch die Gesetze das Recht, ihr Leben so zu gestalten, wie sie es wollen. Sie können entscheiden, woran sie teilhaben möchten und wie sie teilhaben möchten. Sie müssen sich nicht anpassen, sondern können nach ihren Wünschen leben. Trotzdem gibt es noch viele Hindernisse. Darum müssen alle weiterhin daran arbeiten, damit alle Gesetze, Verträge und Verpflichtungen für Menschen mit Behinderung eingehalten werden.

Quelle: Webseite von Aktion Mensch am 11.01.2018

Material 6: Joanna Blanck, Sozialwissenschaftlerin, in einem Interview über die Bedeutung von Integration und Inklusion

In der Öffentlichkeit werden Integration und Inklusion häufig synonym verwendet. In der Wissenschaft dagegen überwiegt die Auffassung, dass es sich um unterschiedliche Konzepte handelt. Integration bedeutet, dass bestimmte Schüler mit Behinderung zwar in die Regelschule aufgenommen, dort aber als Gruppe klar von den Nichtbehinderten unterschieden werden. Inklusion dagegen erkennt an, dass alle Schüler verschieden sind. Neben Behinderungen geraten damit auch andere Unterschiede in den Blick und es gibt keine klar trennbaren Gruppen mehr. Vielfalt wird wertgeschätzt. Konsequent gedacht, bedeutet Inklusion, dass es statt des gegliederten Schulsystems eine Schule für alle gibt, in der jedes Kind individuell nach seinen Bedürfnissen gefördert wird.

Quelle: Leibnitz-Journal – Das Magazin der Leibnitz-Gemeinschaft 1, 2015, S. 18

Material 7: Ein Interview mit dem Filmemacher Binn, der eine inklusive Schule in Nordrheinwestfalen zwei Jahre begleitet hat, woraus die Dokumentation „Ich. Du. Inklusion." entstanden ist

Barenberg: Gibt es an der Schule in Uedem irgendjemanden, der mit der Situation heute zufrieden wäre?

Binn: Ich will es mal so sagen: Die Kinder fühlen sich ja grundsätzlich erst mal wohl in ihrem Umfeld. Aber wenn man von außen draufschaut, wenn man objektiv das Ganze betrachtet, dann weiß man, es gibt ganz viele Stellschrauben, an denen gedreht werden muss, um es zu optimieren. Sowohl der Schulleiter als auch die Eltern als auch die Klassenlehrerin, die Sonderpädagogin, alle sagen, wenn wir die Kinder optimal fördern wollen, müssen wir viel mehr tun, viel mehr.

Barenberg: Viel mehr tun, sagen Sie. Was sagen die Lehrer, sagen die Eltern, sagt der Schulleiter, was vor allem müsste als erstes anders werden?

Binn: Es fehlt letztendlich an allem. Es fehlt an Zeit, an Geld, an personeller, an räumlicher Ressource, es fehlt an Unterrichtsmaterial. Es fehlt an allem, um Inklusion zu einem gelingenden Modell führen zu können. Und das ganz große Problem sind die Ressourcen, die personellen Ressourcen. Es war in der Zeit, als GU praktiziert wurde, vor 2014 so, dass in den Modellschulen, an denen gemeinsamer Unterricht praktiziert wurde, fast alle Schulklassen doppelt besetzt waren. Doppelt besetzt heißt, es war eine Klassenlehrerin oder ein Klassenlehrer in der Klasse, unterstützt durch eine Sonderpädagogin oder einen Sonderpädagogen. Dieses Modell wurde aufgehoben, weil man gemerkt hat, dass durch die Auflösung der ganzen Förderschulen gar nicht genug Sonderpädagogen da sind, um an den Schulen adäquat arbeiten zu können. Das ist eigentlich das Allerwichtigste, dass genügend Sonderpädagogen in die Schulen kommen. Das Problem ist aber, es gibt sie gar nicht.

Quelle: Webseite des Deutschlandfunks am 10.01.2018

A 4 Übertrage die folgende Tabelle in dein Heft und vervollständige sie mithilfe der Materialien. Ein Beispiel wird dir vorgegeben.

Schlagwort	**M1** Bedeutung von Inklusion	**M2** Inklusion: Illustration	**M3** Sprechen und Schreiben über Behinderung	**M4** Statistik: Schüler mit Förderbedarf an Schulen	**M5** Staatliche Unterstützungsangebote	**M6** Interview: Integration/Inklusion	**M7** Interview: Filmemacher Binn
Integration							
Inklusion							
Umgang mit Behinderung							
Herausforderungen bei der Inklusion							
Ziele						Schule für alle, individuelle Förderung jedes Kindes	

A 5 Strukturiere deine Gedanken. Wähle dafür eine geeignete Form (Gliederung, Stichwortliste, Mind-Map, Strukturskizze o. Ä.).

A 6 Gestalte mithilfe deiner Ergebnisse den Informationsflyer. Sofern nötig, können Teile der Materialien 1 bis 6 in den Flyer geklebt werden.

A 7 Verwende beim und nach dem Schreiben folgende Checkliste.

	☺	😐	☹
Hast du die Textsorte eingehalten?			
Hast du den Adressaten berücksichtigt?			
Findet sich der Anlass des Textes in deinem Flyer?			
Hast du dein eigenes Wissen verwendet?			
Werden die Kernaspekte aller Materialien berücksichtigt?			
• M1 – Bedeutung von Inklusion			
• M2 – Inklusion: Illustration			
• M3 – Sprechen und Schreiben über Behinderung			
• M4 – Statistik: Schüler mit Förderbedarf an Schulen			
• M5 – Staatliche Unterstützungsangebote			
• M6 – Interview: Integration/Inklusion			
• M7 – Interview: Filmemacher Binn			
Hast du deinen Text logisch aufgebaut (z. B. pro Thema ein Absatz, Überschriften)?			
Hast du deinen Text verständlich formuliert?			
Hast du Übernahmen aus den Materialien (also Zitate) gekennzeichnet?			

Bildnachweis

Cover **Marie-Aude Murail**, Simpel, S. Fischer Verlag, Frankfurt a. M.

S. 6 **Marie-Aude Murail**, Simpel, S. Fischer Verlag, Frankfurt a. M. (3)

S. 12 **französische Ausgabe: © l'école des lisirs**, Paris. Photography Franck Juery
englische Ausgabe: Marie-Aude Murail, My Brother Simpel, Bloomsbury Publishing Plc, London, Great Britain
slowenische Ausgabe: Marie-Aude Murail, Simpl, MIS, Dob pri Domžalah, Slovenija

S. 26 **Hörcompany**, Hamburg (2)

S. 27 **thinkstock** / iStockphoto / DGLimages

S. 28 ff. Filmplakat und alle Filmszenen aus „Simpel" **© Letterbox Filmproduktion GmbH**

S. 52 **© Aktion Mensch**

S. 53 **Autorengruppe Bildungsberichterstattung (Hg.)**: Bildung in Deutschland 2014. Ein indikatorengestützter Bericht mit einer Analyse zu Menschen mit Behinderung. Bielefeld 2014, ISBN 978-3-7639-5417-9